करिअर में सफलता के 15 सूत्र

अनबाउंड स्क्रिप्ट का उपक्रम

ख़ुद से बेहतर : नवीन चौधरी

प्रथम संस्करण : नवम्बर, 2024
द्वितीय संस्करण : जनवरी, 2025

ISBN : 978-93-48497-23-9

प्रकाशक : अनबाउंड स्क्रिप्ट
2/41, अंसारी रोड,
दरियागंज, दिल्ली-110002
वेबसाइट : **www.unboundscript.com**
ई-मेल : **books@unboundscript.com**
फोन नं. : **011-35807601**

मुद्रक : यश प्रिंटोग्राफिक्स, नोएडा, उत्तर प्रदेश

Khud Se Behtar *by* Naveen Choudhary

मूल्य : ₹ 275/-

ख़ुद से बेहतर

करिअर में सफलता के 15 सूत्र

नवीन चौधरी

अनुक्रम

भूमिका

उन सबके लिए, जो सपने देखते हैं और उन्हें साकार करना चाहते हैं।

हनुमान जी को नहीं पता था कि वह एक छलाँग में समुद्र लाँघ सकते हैं। उन्हें उनकी शक्ति का अहसास जामवंत ने दिलाया। हम सबके अंदर एक हनुमान हैं, जो समुद्र लाँघ सकते हैं, आकाश की ऊँचाइयों तक जा सकते हैं। लेकिन अपनी शक्तियों से अनजान होने और ख़ुद को कम आँकने की वजह से हम उसका भरपूर इस्तेमाल नहीं कर पाते।

मैं भी ऐसा ही युवा था, जिसे यह अहसास तो था कि वो कुछ अलग कर सकता है, लेकिन क्या और कैसे, इसकी समझ नहीं थी। जॉब और लाइफ़ स्टाइल को लेकर तमाम सपने थे लेकिन उन सपनों को पूरा कैसे करना है, यह पता नहीं था। आम मध्यमवर्गीय भारतीय परिवार के युवा की तरह मेरे भी जीवन का लक्ष्य एक अच्छी सरकारी नौकरी ही थी। परिवार में सब सरकारी नौकरी वाले थे, अध्यापन या प्रशासन से जुड़े थे, इसलिए हमें भी वही बात समझाई गयी।

उस वक्त भारत का बाज़ार खुले कुछ समय हो गया था। वैश्वीकरण का प्रभाव भारतीय अर्थव्यवस्था और लोगों की जीवन-शैली पर पड़ने लगा था। प्राइवेट सेक्टर बड़ा हो रहा था। यहाँ पर सरकारी नौकरी की तरह ग्रेड पे नहीं थी; जितनी मेहनत, जैसी योग्यता, उतनी सैलरी थी। प्रोफ़ेशनल डिग्री वालों की माँग बढ़ रही थी। युवाओं का एक बड़ा वर्ग अब सरकारी नौकरी का मोह छोड़कर प्राइवेट सेक्टर की ओर रुख़ कर रहा था। इंजीनियरिंग,

एमबीए, सीए, फैशन डिज़ाइनिंग, आर्किटेक्चर, फिल्म मेकिंग, पत्रकारिता, बायोटेक्नोलॉजी जैसी कई और तरह की प्रोफ़ेशनल डिग्री वाले युवाओं की माँग बढ रही थी। आज भी कोई न कोई नया प्रोफ़ेशनल कोर्स बाज़ार की माँग के अनुसार आता है तो नौकरी के नये मौक़े खुलते हैं। जैसे अब डिजिटल मार्केटिंग और एआई जानने वाले काफी माँग में हैं।

इस दौर ने मध्य वर्ग के युवाओं के सपनों को बदल दिया। इसमें एक मैं भी था। मैंने तय किया कि सरकारी नौकरी की रेस में पड़ने की जगह अपने व्यक्तित्व और स्किल का प्रयोग निजी क्षेत्र में करूँगा। यह निर्णय लेने में मुझे देर हुई क्योंकि मैं ख़ुद को नहीं पहचानता था। मैं नहीं जानता था कि मैं किस चीज़ में बेहतर हूँ। अपने सपनों को पूरा करने के लिए यह जानना बेहद ज़रूरी है कि आप कौन हैं और क्या कर सकते हैं। कभी यह अहसास हमें ख़ुद होता है तो कई बार कोई दोस्त, टीचर, परिवार, कोई अनजान व्यक्ति तो कभी कोई किताब या किसी का भाषण हमारे जीवन में जामवंत बन कर आता है और हमें अपनी शक्ति का अहसास कराता है।

मेरे जीवन में एक प्रोजेक्ट ने जामवंत को रोल निभाया। नेट-जेआरएफ की तैयारी के दौरान आरबीआई से जुड़ा एक प्रोजेक्ट करते हुए मुझे अहसास हुआ कि मैं क्रिएटिव हूँ, लोगों को अपनी बात समझा सकता हूँ और टीम को भी सँभाल सकता हूँ। चूँकि निर्णय लेने में देर हुई थी, 2 साल पीजी करने में पहले ही लगा चुका था, इसलिए अगले वर्ष का इंतजार करने की जगह मैंने उसी महीने हो रहे एक एन्ट्रेंस परीक्षा में भाग लिया और एक मैनेजमेंट कॉलेज से प्रोफेशनल डिग्री ली, जो टॉप के 50 कॉलेजेज में तो नहीं था। मैं अपनी क्रिएटिवटी का इस्तेमाल करना चाहता था अतः एक मीडिया हाउस में ब्रांडिंग की नौकरी शुरू की।

अच्छा करिअर हमेशा बड़ी डिग्री या बड़ा कॉलेज नहीं माँगता। अच्छे करिअर के लिए निष्ठा और मेहनत के अतिरिक्त अपने कौशल में निरंतर विकास की आवश्यकता होती है। सामान्य कॉलेज से होकर भी 12 वर्ष बाद

मैं अपने करिअर में वहीं था जहाँ किसी प्रीमियम कॉलेज से पढ़कर होता। लगभग 18 वर्ष नौकरी करने के बाद सितंबर 2021 में नौकरी छोड़कर मैंने लेखन और कंसल्टेंसी में उतरने का निर्णय लिया। जब नौकरी छोड़ी तब मैं ऑक्सफ़ोर्ड यूनिवर्सिटी प्रेस के एक वर्टीकल का ग्लोबल मार्केटिंग हेड था।

अपने करिअर में मैंने बहुत से लोगों की सफलता और असफलता को देखा। ख़ुद भी छोटे शहर के एक सामान्य परिवार से आकर नयी चीज़ों से संघर्ष किया। कुछ लोग और भी छोटी जगहों से आये थे, उन्हें भी ख़ुद को वक्त के साथ साबित करते देखा। सन् 2009 में पहली बार मैं टीम मैनेजर बना। तब से 2021 तक बहुत से युवा मेरी टीम में आये। हर व्यक्ति की यात्रा देखकर मुझे यकीन होता गया कि आप जहाँ भी हैं, जिस भी बैकग्राउंड से हैं, अगर आप अपने आपको रोज और बेहतर बनाने की कोशिश करेंगे तो आपकी सफलता का रास्ता कोई नहीं रोक पायेगा। जो इसमें चूका, आलस कर गया, वह असफल हो जाएगा।

इस यात्रा में बहुत से ऐसे लोग मिले जो योग्य थे, बेहतर करना चाहते थे लेकिन पारिवारिक-सामाजिक पृष्ठभूमि के कारण उनका एक्सपोज़र और लाइफ़ स्किल्स ऐसी नहीं थी कि वह इस गला-काट प्रतिस्पर्धा वाले बाज़ार में मुकाबला कर सकें। कुछ लोगों ने अपनी कमी सुधारने के लिए कोर्स किये, किताबें पढ़ीं, तो कुछ को बहुत अच्छे गाइड मिले। गाइड सहकर्मी थे और बॉस भी। मैं इस मामले में क़िस्मत वाला रहा कि मेरी पहली नौकरी से ही मुझे अधिकांश सहकर्मी और बॉस ऐसे मिले जिन्होंने मेरे कौशल को निखारने में मदद की, नयी चीज़ें सीखने के लिए प्रोत्साहित किया और रास्ता दिखाया। मेरी या मेरे जैसे बहुत से प्रोफेशनल लोगों की सफलता की यात्रा हमारे अकेले की मेहनत नहीं है। हमारी इस यात्रा में बहुत से लोग हमें रोशनी दिखाते रहे।

सन् 2023 में अपने एक क्लाइंट के लिए मैंने जॉब फेयर करवाया था। उस जॉब फेयर में बहुत से अभ्यर्थी आये जो डिग्री और मार्कशीट में अच्छे थे लेकिन इंटरव्यू में असफल हुए। कोई इसलिए कि वह ठीक से जवाब नहीं

दे पाया, कोई इसलिए कि वह जानता ही नहीं था कि वह नौकरी क्यों करना चाहता है, तो कोई इसलिए कि उनमें लाइफ़ स्किल्स की कमी थी। यह हमारे सामाजिक परिवेश और शिक्षा व्यवस्था की कमी है कि हम बच्चों को शुरू से ऐसी स्थितियों के लिए तैयार नहीं करते और उनकी पर्सनालिटी को बेहतर बनाने पर ध्यान नहीं देते। बहुत से योग्य बच्चे अपने कौशल और व्यक्तित्व की कुछ कमियों के कारण नौकरी नहीं पा सके।

मुझे उस दिन पहली बार अहसास हुआ कि वो लोग भाग्यशाली होते हैं, जिन्हें कोई गाइड कर सके, उन्हें ख़ुद को तराशकर 'ख़ुद से बेहतर' बनने में मदद करे। जॉब फ़ेयर में अधिकांश बच्चे जो आये थे उन्हें जीवन में अब तक कोई गाइड नहीं मिला था। मुझे मेरे साथियों और बॉस ने बेहतर बनने में मदद की। जब मैं मैनेजर बना तो मेरी कोशिश भी यही रही कि मैं अपनी टीम को सिखा सकूँ, उनके हुनर को बेहतर करने में उन्हें गाइड कर सकूँ और टीम भी एक दूसरे से सीखे।

अनबाउन्ड स्क्रिप्ट के संपादक आशीष मिश्र ने जब मुझसे 'करिअर में सफलता के सूत्रों' पर किताब लिखने को कहा तो मुझे इस जॉब फ़ेयर की घटना याद आ गयी। मुझे वो सब साथी और स्वयं के संघर्ष का वह समय याद आया जब हमें किसी ने सिखाया, प्रेरित किया और हम बेहतर कर सके। एक टीम मैनेजर के नाते अपनी सीखी चीज़ें सिखाने के लिए मेरे पास सीमित मौके थे लेकिन एक लेखक के तौर पर मेरे पास ख़ूब मौक़ा है कि जो कुछ मैंने अपने अनुभव, सहकर्मियों और मित्रों के अनुभव से जाना और सीखा उसे बड़ी संख्या में युवाओं तक पहुँचा सकूँ।

यह किताब कोई जादुई किताब नहीं है, जो एक ही दिन में सब बदल दे। सीखने के तीन तरीक़े होते हैं- पढ़कर, किसी को देखकर और स्वयं उस काम को कर के। पढ़कर और दूसरों को देखकर आप 20 से 30% सीखते हैं, बाकी का 70% स्वयं कर के ही सीखा जाता है। यह किताब सीखने की प्रक्रिया का पहला चरण है। किताब में दिये सुझावों पर अमल

करना, निरंतर प्रयास करना, अपने आप को रोज बेहतर बनाने की कोशिश कामयाबी में आपकी मदद करेगी। याद रखिए, सफलता मेहनत और निरंतर प्रयास माँगती है।

यह किताब सिर्फ़ मेरे अनुभवों पर आधारित न रह जाए, पाठकों को अधिकाधिक लोगों के अनुभव का लाभ मिले, इस उद्देश्य से लिखते वक्त मैंने अपने साथियों, जूनियर्स, सीनियर्स से उनके अनुभव पूछे। व्यस्तता के बावजूद उनमें से अधिकांश ने समय निकालकर मेरे प्रश्नों के जवाब दिये, जिन्हें मैं इस किताब में शामिल कर सका और आप लोगों के साथ बाँट सका। मेरी पत्नी पुष्पा चौधरी हमेशा मुझे लेखन के लिए प्रोत्साहित करती हैं। इस किताब में उन्होंने भी विभिन्न टीम के साथ काम करने और करिअर गैप को खत्म कर आगे बढ़ने को लेकर अपने अनुभव साझा किये हैं।

मेरे बचपन के मित्र अश्विन दलवी, पूर्व सहकर्मी एवं मित्र रूपेश, अंशुमन मिश्रा, दिवस किंद्रा, सोशल मीडिया एवं सामाजिक सर्किल के जरिये मित्र बने आलोक वार्ष्णेय एवं संदीप गुप्ता का धन्यवाद, जिनकी यात्रा के बारे में मैंने उनसे बिना पूछे पूरे हक़ से लिख डाला। पहली नौकरी के दौरान ही प्रशांत कश्यप से परिचय हुआ और फिर मित्रता बढ़ी। दो दशक में उनको रोज ख़ुद से बेहतर बनते देखा। प्रशांत का धन्यवाद, उन्होंने अपने लंबे करिअर के अनुभवों को साझा किया, जिसका लाभ पाठकों को मिल सकेगा। मेरे एमबीए कॉलेज के सहपाठियों एवं जूनियर्स विक्रम सिंह, दीपेश अनेजा, देविका सेन, वैभव पोरवाल, कृष्ण झा, जुही मालवीय का आभार, जिन्होंने करिअर ट्रांजिशन एवं लाइफ स्किल्स पर मेरे प्रश्नों का विस्तार से जवाब दिया और नौकरी के इस व्यावहारिक पक्ष को लिखने में मदद की। नौकरी पाने में इंटरव्यू का बड़ा योगदान होता है। इस चैप्टर को बेहतर बनाने में मेरे मित्रों शेखर झा, सुशांत झा, रोहित शर्मा का योगदान रहा। आप सभी का बहुत-बहुत धन्यवाद।

मेरे बॉस एवं गुरु रहे कमलेश सिंह, तेजिंदर खुराना एवं बसंत राठौड़ सर का विशेष धन्यवाद कि उन्होंने इस किताब को पढ़ा और इसके कंटेंट पर भरोसा जताते हुए किताब को एंडोर्स किया है।

अनबाउंड स्क्रिप्ट के मुख्य कार्यकारी अधिकारी अलिंद महेश्वरी से मेरा परिचय मेरे पहले उपन्यास के जरिये हुआ और परिचय मित्रता में बदल गया। अलिंद जी और आशीष मिश्र जी का धन्यवाद कि उन्होंने मुझे एक नयी विधा में लिखने को प्रोत्साहित किया। अनबाउंड स्क्रिप्ट की टीम के सभी सदस्यों का भी धन्यवाद, जिन्होंने इस किताब की एडिटिंग, प्रूफ़ रीडिंग, कवर डिज़ाइन, सेल्स और प्रमोशन को करने में पूरा सहयोग दिया।

सपने सबके होते हैं लेकिन पूरा वही कर पाते हैं, जो उसके लिए रणनीति बनाकर पूरी निष्ठा से काम करते हैं। उम्मीद है कि यह किताब आपके सपनों को पूरा करने और एक बेहतर करिअर बनाने के लिए राह दिखाएगी।

दीपावली, 2024

द्वितीय संस्करण

इस किताब को लिखते वक्त मेरा भी यही सपना था कि इसे जो भी पढ़े उसे लगे कि उसने कुछ पाया ही है। किताब आने से लेकर अब तक सभी उम्र और पेशे के लोगों ने इस किताब के कंटेन्ट से जुड़ाव महसूस किया। पढ़ी, अपने दोस्तों को रिकमेंड की और गिफ्ट भी की, जिसका परिणाम यह रहा कि मात्र दो महीने में इस किताब के पहले संस्करण की सभी प्रतियाँ बिक गयीं। मुझपर इस विश्वास के लिये आपको धन्यवाद। 'खुद से बेहतर' के द्वितीय संस्करण सौंपते हुए एक बार फिर से आप सबका आभार।

नवीन चौधरी

जनवरी, 2025

अध्याय
1

क्या है एंप्लॉयबिलिटी?

एंप्लॉयबिलिटी

क्यों ज़रूरी है एंप्लॉयबिलिटी?

कैसे बेहतर बनाएँ एंप्लॉयबिलिटी स्किल्स?

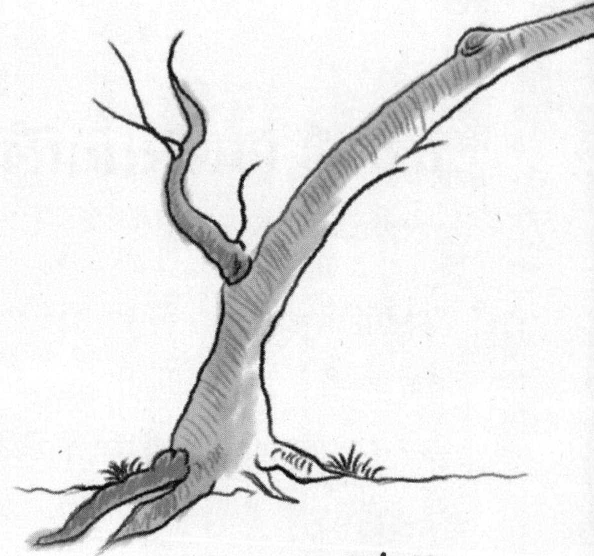

Today a **reader**
Tomorrow a **leader**

✩ *Margaret Fuller*

मुझे अपनी डिजिटल मार्केटिंग की टीम में सोशल मीडिया के लिए किसी फ्रेशर या 1-2 साल के अनुभव वाले व्यक्ति की तलाश थी। मैं उस समय ऑक्सफोर्ड यूनिवर्सिटी प्रेस में मार्केटिंग हेड के तौर पर काम कर रहा था। लगभग 150 एमबीए और 25-30 ग्रेजुएट विद्यार्थियों ने नौकरी के लिए फॉर्म भरे। मैंने सेलेक्शन किया तो किसी एमबीए का नहीं बल्कि कॉलेज से स्नातक करके निकली एक लड़की का किया।

आखिर क्या अलग था उसमें कि मैंने एमबीए के मुकाबले उसे तरजीह दी? उस लड़की का नाम दिवस किन्द्रा था। दिवस में तीन ऐसी खूबियाँ थीं, जो उसे सभी अभ्यर्थियों से अलग करती थी:

काम का अनुभव एवं रणनीति की समझ: बाकी प्रत्याशियों की तरह दिवस के पास भी इंटर्नशिप का अनुभव था लेकिन उसे काम का सिर्फ़ तकनीकी नहीं रणनीतिक हिस्से का भी व्यावहारिक ज्ञान था। यह ज्ञान उसने इंटर्नशिप में ही अर्जित किया। उसने सोशल मीडिया को सिर्फ़ कैप्शन लिखने और फ़ोटो पोस्ट करने का टूल नहीं समझा। इंटरव्यू में उसके जवाबों में उसके काम की समझ झलक रही थी।

इंटरव्यू की तैयारी: दिवस को जॉब डिस्क्रिप्शन और कंपनी की पूरी जानकारी थी। उसने अपने सभी जवाब हमारी कंपनी के उद्देश्यों को ध्यान में रखकर

दिया और साथ ही कुछ नये आइडियाज़ भी प्रस्तुत किये। जबकि कई एमबीए सिर्फ़ यही बताते रहे कि डिजिटल मार्केटिंग में वैकन्सी है।

सकारात्मक सोच एवं बॉडी लैंग्वेज: उसकी पूरी बातचीत और बॉडी लैंग्वेज में सकारात्मकता, आत्मविश्वास और काम को लेकर लगन लगातार झलकता रहा।

संक्षेप में यही कहूँगा कि दिवस की एंप्लॉयबिलिटी स्किल किसी अन्य डिग्रीधारी के मुकाबले अधिक थी।

एंप्लॉयबिलिटी

जब हम विश्वविद्यालय से डिग्री लेकर निकलते हैं तो हमारे साथ लाखों और निकले होते हैं, जो उसी जॉब मार्केट में नौकरी तलाशेंगे। आप यूनिवर्सिटी के टॉपर हैं तो भी आप अकेले नहीं। उसी समय कई अन्य यूनिवर्सिटी टॉपर भी नौकरी ढूंढ रहे होंगे। नौकरी को लेकर इतनी प्रतिस्पर्धा है कि अब डिग्री वाले की नहीं, सर्वगुण संपन्न एम्पलॉयी की माँग होती है। यहीं पर कंपनी डिग्री से आगे बढ़कर रोजगार के लिए ज़रूरी आपके अन्य गुणों को, आपकी कुशलता को मापती है। यदि आप ऊपर बताए गुणों को प्रदर्शित करते हैं तो संभव है कि टॉपर या बड़ी डिग्री वाले के बजाय नौकरी आपको मिल जाए, जैसे दिवस को मिली।

यदि हम एम्प्लॉयबिलिटी को परिभाषित करें तो यह शैक्षिक योग्यता के साथ तकनीकी या पेशेवर कौशल (स्किल), व्यावहारिक समझ, समस्या के समाधान का गुण (प्रॉब्लम सॉल्विंग एटीट्यूड), बॉडी लैंग्वेज, अनुभव, सकारात्मक सोच, व्यवहारकुशलता, कम्युनिकेशन स्किल्स एवं बेहतर पर्सनालिटी का एक संयोजन है, जो किसी व्यक्ति को रोजगार के लिए उपयुक्त बनाता है।

ये सभी गुण ऐसे हैं जो न केवल नौकरी पाने के लिए बल्कि आपके पूरे कामकाजी जीवन को और कुछ हद तक निजी जीवन को भी सफल बना सकते हैं।

क्यों ज़रूरी है एंप्लॉयबिलिटी?

भारत एक युवा देश है। 2022 के आंकड़ों के अनुसार भारत में 50% जनसंख्या 25 साल से कम उम्र की और 65% जनसंख्या 35 साल से कम उम्र की है। इसलिए अगर हम यह कहें कि भारत के पास बहुत बड़ी वर्केबल फ़ोर्स यानी कि काम करने योग्य ऊर्जावान ताक़त मौजूद है, तो गलत नहीं होगा।

25 साल से कम की 50% जनसंख्या होने का अर्थ है कि भारत सिर्फ़ अभी नहीं बल्कि लंबे समय तक युवा देश रहेगा। दुनिया के कई विकसित देश अब बूढ़े होने लगे हैं। उनके पास योग्य और युवा श्रम शक्ति में कमी आ रही है। भारतीय श्रम शक्ति का लोहा अब दुनिया मानती है। दुनिया की प्रमुख तकनीकी कंपनियों की तरक्क़ी में भारतीयों का बड़ा योगदान है। भारत के पास इस समय यह मौक़ा है कि दुनिया भर की बड़ी इंडस्ट्री और कंपनियों को इस श्रम शक्ति का इस्तेमाल करने के लिए देश में निवेश करवा सके। यही वजह है कि हमारे देश में कई बड़ी कंपनियाँ अपना प्लांट स्थापित करने लगीं तो बहुत सी कंपनियाँ भारत में काम आउट्सोर्स कर रही हैं। अतः विभिन्न क्षेत्रों में बहुत सी नौकरियाँ आ रही हैं और ज़्यादा आने वाली हैं।

जहाँ एक तरफ़ हमारे पास इतनी बड़ी श्रम शक्ति है वहीं दूसरी तरफ कंपनियों की ये भी शिकायतें हैं कि काम करने के लिए ढंग के लोग नहीं मिलते? एचआर मैनेजर या किसी कंपनियों में हायरिंग करने वाले विभिन्न विभागों के लोगों से बात करें तो यह बड़ी आम शिकायत है। प्रश्न उठता है कि ऐसा विरोधाभास क्यों?

नौकरी के लिए क्या चाहिए? डिग्री! लेकिन क्या एक डिग्री पर्याप्त है किसी को भी नौकरी देने के लिए? हमारे देश में युवाओं के पास डिग्री तो है लेकिन वे एम्प्लॉयबल नहीं हैं। उनमें डिग्री के अलावा अन्य गुणों का अभाव है। यही अभाव प्रत्याशियों को नौकरी से और कंपनी को अच्छे प्रत्याशियों से दूर करता है। हमने पहले उदाहरण में ही देखा कि किस तरह एक साधारण स्नातक 150 एमबीए पर भारी पड़ गयी।

मैंने एक अल्पचर्चित कॉलेज से एमबीए किया। मेरे साथ 120 लोग और थे। हम 120 लोगों में से कुछ लोग अपने करिअर में साधारण ही कर पाये तो कुछ लोगों ने बहुत तरक्क़ी की। कुछ ने तरक्क़ी सीधी गति से की तो कुछ ने बहुत तेज़ी से। ये सारे लोग किसी प्रीमियम कॉलेज से पढ़े हुए विद्यार्थी के बराबर या उनसे ज़्यादा आगे उतने ही समय में बढ़े। मेरा एक साथी फाइनेंस से एमबीए था। वह 15 वर्ष के अनुभव में ही एक बहुराष्ट्रीय कंपनी में सीएफ़ओ के पद तक पहुँचा। मेरे एक अन्य साथी ने एक बहुत बड़ी ऑटोमोबाईल कंपनी में नैशनल हेड का पद प्राप्त किया। एक साथी देश के बहुत बड़े स्टार्टअप का को-फाउन्डर बना। कुछ लोग अपने व्यवसाय में लगे और वहाँ पर बड़ा नाम कर रहे हैं। मेरे पास ऐसे पचासों उदाहरण सिर्फ़ अपने बैच के हैं। मैं ख़ुद मार्केटिंग और ब्रांडिंग में एग्जीक्यूटिव के पद से ग्लोबल मार्केटिंग तक 16 वर्षों में पहुँचा।

आखिर क्या अलग था इन सब में? कुछ लोग जिनमें एंप्लॉयबिलिटी स्किल पहले से थी, वो तेज़ी से आगे बढ़े और बाकी लोग लगातार अपनी एंप्लॉयबिलिटी स्किल को बेहतर बनाने में लगे रहे और हर नौकरी में एक नयी ऊँचाई छूते रहे। जो चूके वो कहीं पिछड़ गये।

कैसे बेहतर बनाएँ एंप्लॉयबिलिटी स्किल?

यदि आप कॉलेज में हैं, डिग्री प्राप्त फ्रेशर हैं, या 5-6 वर्षों से नौकरी कर रहे हैं और भविष्य में तेज़ी से तरक्क़ी करते हुए अपने करिअर की आकांक्षाओं को प्राप्त करना चाहते हैं तो यह किताब आपके लिए है।

सबसे पहले यह जानना ज़रूरी है कि हमें किन किन क्षेत्रों में काम करना है। इस किताब में हम कई ऐसे महत्त्वपूर्ण मुद्दों पर बात करेंगे और विभिन्न लोगों के अनुभवों को जोड़ते हुए आपको अपनी एंप्लॉयबिलिटी स्किल को बेहतर बनाने का रास्ता दिखाएंगे। इस किताब में मैं बहुत बड़े नामों का जिक्र नहीं करूंगा बल्कि बीच-बीच में ऐसे साधारण लोगों की कहानी बताऊँगा जो अपनी मेहनत और स्किल से असाधारण बने, वह जहाँ रहे वहाँ पर उन्होंने नाम कमाया।

यह किताब करिअर विकास के 5 प्रमुख पहलुओं पर केंद्रित है:

इंडस्ट्री और रोजगार के ट्रेंड्स: सही समय पर करिअर बदलना या सही इंडस्ट्री चुनना मूल्यांकन है, इसलिए हम इस हिस्से में बाज़ार के वर्तमान ट्रेंड और भविष्य की संभावनाओं की चर्चा करेंगे जिससे आपको यह तय करने में सुविधा हो कि आपको ख़ुद को किस दिशा में जाने के लिए तैयार करना है।

आत्म-मूल्यांकन और चिंतन: किताब के इस हिस्से में हम SWOT एनालिसिस करेंगे जिससे कि आपको अपनी क्षमता, कमजोरियाँ, सुधार के क्षेत्र की पहचान हो सके और आप उस पर कार्य कर सकें। यह आत्मनिरीक्षण आपको अपने अनुभवों, आकांक्षाओं और प्राथमिकताओं पर विचार करके, अपने करिअरके लक्ष्यों को स्पष्ट करने और विकास के संभावित मार्गों की पहचान करने में मदद करेगा।

पर्सनल ब्रांडिंग और कौशल विकास: स्व-मूल्यांकन से प्राप्त अंतर्दृष्टि के आधार पर इस खंड में हम पर्सनल ब्रांडिंग, ड्रेसिंग स्टाइल एवं सॉफ्ट स्किल्स, जो रोजगार दिलाने में बहुत सहायक हैं, उनकी चर्चा करेंगे; तकनीकी दक्षताओं से लेकर सॉफ्ट स्किल्स जैसे संचार, टीम वर्क और समस्या-समाधान तक। पाठक सीखेंगे कि एक सर्वांगीण कौशल सेट कैसे विकसित किया जाए, जो आज के नौकरी बाजार में अत्यधिक मूल्यवान है।

नौकरी खोजने की रणनीतियाँ और नेटवर्किंग: अपनी पसंद की नौकरी खोजना और उस तक पहुँचने के सही रणनीति और नेटवर्किंग की आवश्यकता होती है। इस हिस्से में हम बायोडाटा और कवर लेटर तैयार करने से लेकर ऑनलाइन प्लेटफॉर्म व पेशेवर नेटवर्क का लाभ उठाने तक की बात करते हुए सीखेंगे कि ख़ुद को मज़बूत उम्मीदवार के रूप में कैसे स्थापित किया जाए और सार्थक रोजगार के अवसर कैसे सुरक्षित किए जाएं।

करिअर ट्रांजीशन की रणनीति: बहुत से लोगों के प्रोफ़ेशनल जीवन में एक दौर आता है, जहाँ वह या तो नौकरी से बाहर होने को होता है या उसकी तरक्क़ी की गति थम जाती है। इस स्थिति से उबरने के लिए जीवनपर्यंत

कौशल विकास तो महत्त्वपूर्ण है ही, साथ ही भविष्य का अंदाजा लगाकर चुनौतियों से निपटने की योजना पर भी बात की जाएगी।

इस किताब के सारे चैप्टर इन्हीं पहलुओं पर आधारित होंगे। ज़रूरी नहीं कि वह इसी क्रम में चलें, क्योंकि कई बार एक रणनीति या सीख कई जगह काम आती है।

मैं पाठकों को पुनः सचेत कर दूँ कि इस किताब को ऐसी जादुई किताब न समझें, जो रातों रात सब बदल देगी। यह किताब आपको नौकरी पाने के लिए ज़रूरी सभी पक्षों के बारे में बताएगी। यह किताब किसी एक इंडस्ट्री या खास डिग्री वालों को ध्यान में रखकर भी नहीं लिखी गयी है। यह किताब जिन स्किल्स और पहलुओं की बात करती है, वह सब जगह लागू होता है लेकिन उसे आवश्यकतानुसार संशोधित करने की ज़रूरत है। इसलिए मैं पाठकों से निवेदन करूँगा कि आप जब इस किताब को पढ़ें तो इसमें लिखी बातों को समझकर उसे अपनी शिक्षा, महत्त्वाकांक्षा और काबिलियत के हिसाब से संशोधित करें और अपने आपको अपनी पसंदीदा नौकरी या बिजनेस के लिए तैयार करते हुए सशक्त प्रोफ़ेशनल के रूप में स्थापित करें।

सूत्र 1 अच्छी नौकरी और तरक्की सिर्फ़ डिग्री से नहीं, बेहतर स्किल से मिलती है।

अध्याय
2

जॉब मार्केट और वर्तमान ट्रेंड

आईटी एंड आईटीईएस सेक्टर

मैन्यूफैक्चरिंग इंडस्ट्री

बैंकिंग एवं फ़ाइनेंस

हेल्थकेयर, फार्मा एंड लाइफ साइंस इंडस्ट्री

रिन्यूएबल एनर्जी

पर्यटन एवं हॉस्पिटैलिटी

रियल एस्टेट

ई-कॉमर्स एवं रिटेल

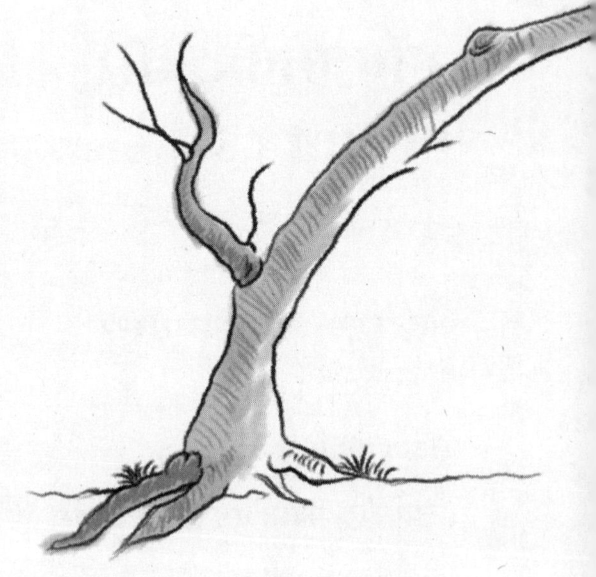

It's not a matter of **being first,**
it's being there **at the right time,**
being first in volume to market, and
knowing what trends to stay away from.

✿ Ted Waitt

मेरे एक मित्र के मामा श्री रवि शंकर जी ने एक बार अपने करिअर का किस्सा बताया। रवि शंकर जी जब स्नातक हुए तो कुछ अलग करना चाहते थे। सरकारी नौकरियों का तो जो मोह होता है, वह था ही लेकिन रवि शंकर जी बदलते परिवेश को भी देख रहे थे। भारत में 1930 में फिलिप्स कंपनी आयी थी। इसने इलेक्ट्रॉनिक्स और इलेक्ट्रिकल उत्पादों के बाज़ार में प्रतिष्ठित जगह बना लिया था। रवि शंकर जी ने फिलिप्स में सेल्स एग्जीक्यूटिव की नौकरी के लिए इंटरव्यू दिया और चयनित हो गये। वह अपने ही क्षेत्र में रहकर काम करने लगे। इलेक्ट्रॉनिक्स एवं इलेक्ट्रिकल दुकानों व डिस्ट्रीब्यूटर्स से मिलना और फिलिप्स के सामानों का ऑर्डर लेते। धीरे-धीरे बिजली की उपलब्धता बढ़ने लगी थी।

बिजली की उपलब्धता बढ़ने से शहरी क्षेत्रों में इलेक्ट्रिकल उत्पादों की माँग बढ़ रही थी। रवि शंकर जी मेहनती थे, जितना करते थे, उतना सीखते भी थे। उन्होंने जल्दी ही अपने काम से अपनी पहचान बनायी और तरक्की करते रहे। रवि शंकर जी जब रिटायर हुए तब वह फिलिप्स के सेल्स डायरेक्टर थे। एक सामान्य स्नातक, जिसने नौकरी के पहले पायदान से काम शुरू किया, वह अपने डिपार्टमेंट के सबसे ऊँचे पायदान से रिटायर हुआ। रवि शंकर जी बताते हैं कि जब टीम बढ़ने लगी, मैनेजमेंट ट्रेनी रखे जाने

लगे तो मैं उन्हें ट्रेनिंग देने जाता था। ट्रेनी प्रायः आईआईएम जैसे प्रतिष्ठित संस्थानों से होते थे। वह मुझसे पूछते थे कि मैं कौन से आईआईएम से हूँ। उन्हें आश्चर्य होता कि मैंने न एमबीए किया न आईआईएम से हूँ।

अगर आप अपने आसपास देखेंगे तो आपको रवि शंकर जी जैसे कई उदाहरण मिलेंगे, जो साधारण स्नातक थे, उन्होंने प्राइवेट सेक्टर में काम शुरू किया, खुद को रोज बेहतर करते गए और उन्हीं पदों पर पहुँचे, जहाँ पहुँचने के लिए लोग अब टॉप कॉलेज में प्रोफेशनल कोर्स करने जाते हैं। इन सभी लोगों की तरक्की में उनकी मेहनत के साथ एक और पक्ष का योगदान था, और वह था सही समय पर सही ट्रेंड को समझकर उस दिशा में काम करना।

बॉलीवुड की पुरानी फ़िल्मों में देखेंगे तो हीरो अक्सर किसी प्राइवेट कंपनी में इंटरव्यू देता या काम करता दिखेगा। उनके मालिक कोई उद्योगपति होंगे। फ़िल्में अपने दौर की कथा कहती हैं। 60-70 के दशक में बहुत सारे ग्रेजुएट युवा सरकारी नौकरी कम होने के कारण प्राइवेट नौकरियों की तलाश में मुंबई, कोलकाता की तरफ कूच कर गये। देश को आज़ाद हुए कुछ ही साल हुए थे और औद्योगीकरण धीरे-धीरे जोर पकड़ रहा था। इन कंपनियों में पढे-लिखे युवाओं की आवश्यकता होती थी। उस दौर में जो कोलकाता मुंबई पहुँचे और थोड़े भी योग्य हुए उन्हें नौकरियाँ मिल गयीं। वक्त के साथ कंपनी ने तरक्की की और उसी के साथ इन सामान्य ग्रेजुएट युवाओं ने भी। इनमें से कई लोग अपनी कंपनी के डायरेक्टर या शेयरहोल्डर बन गये। सोचिये, क्या आज बड़ी संख्या में लोगों के साथ यह होना संभव है? जो युवा एक समय में किसी भी तरह से एक क्लर्क की नौकरी मिलने की दुआ करते थे वो इंडस्ट्री के बड़े नाम बन गये। आखिर कैसे?

ये सभी युवा सही समय पर सही जगह और सही इंडस्ट्री में पहुँच गये। उन्होंने अपने स्किलसेट का इस्तेमाल किया और उसे लगातार बेहतर करते रहे। परिणाम सबके सामने है। जैसे शेयर मार्केट में कहा जाता है कि सही समय पर एंट्री लेना बड़े मुनाफे की निशानी है, वैसे ही नौकरी के लिए भी

सही समय पर सही इंडस्ट्री और प्रोफाइल पर चले जाना भी आपको तरक़्क़ी का रास्ता दिखाएगा।

ऐसा सिर्फ़ भारत में ही नहीं दुनिया भर में हुआ है, जब साधारण लोगों ने सही मौक़े पर सही इंडस्ट्री को खड़ा किया या उसका हिस्सा बने। भारत में संजीव भिखाचंदानी ने ऑनलाइन नौकरी के विज्ञापन की इंडस्ट्री खड़ी की। मार्क ज़ुकरबर्ग और स्टीव जॉब्स को सब जानते ही हैं। कुछ हॉलीवुड फिल्में इसी तरह की असल जिंदगी पर आधारित हैं, जहाँ लोगों ने सही समय पर सही काम को चुना और सफल हुए।

भारत इस समय दुनिया की 5वीं सबसे बड़ी अर्थव्यवस्था है। संभवतः 2027-28 तक 5 ट्रिलियन डॉलर की जीडीपी के साथ यह दुनिया की तीसरी सबसे बड़ी अर्थव्यवस्था भी बन जाएगा। इसके आगे का अनुमान यह है कि 2047 तक भारत 30 ट्रिलियन डॉलर की अर्थव्यवस्था होगा।

भारत में बिजनेस के लिए आधारभूत ढाँचा पहले से बेहतर हुआ है। युवा मानव संसाधन भी हमारे देश में है। दुनिया भर में जिस तेज़ी से तकनीकी विकास हो रहा है, उनकी माँग बढ़ रही है, जिसे भारत कई प्रकार से पूरा कर सकता है। सपेरों का देश समझे जाने वाले भारत को अब दुनिया भर की बड़ी अर्थव्यवस्थाएँ उम्मीद से देख रही हैं। इसी वजह से हम भारत की अर्थव्यवस्था में तेज़ वृद्धि की संभावना देखते हैं। इस वृद्धि के लक्ष्य तक पहुँचने में सभी सेक्टरों का योगदान होगा लेकिन कुछ सेक्टर और इंडस्ट्री ज़्यादा तेज़ बढ़ेंगी। परिणाम, इन सेक्टरों में बाज़ार की माँग के हिसाब से कुछ नयी जॉब प्रोफाइल की माँग होगी तो वहीं वर्तमान की नौकरियों में नये स्किलसेट वाले लोगों की माँग होगी। इस चैप्टर में, हम संक्षेप में लेकिन इन सब पर बात करेंगे।

न्यूज 18 में प्रकाशित एक ख़बर के अनुसार वर्ष 2023 में कुछ सेक्टरों ने अच्छी वृद्धि देखी है। देश में बढ़ते वैश्विक व्यापार एवं सप्लाई चेन के

बेहतर प्रबंधन की वजह से मैरीटाइम और शिपिंग इंडस्ट्री में 28% की वृद्धि देखी गयी है। कोरोना की समाप्ति के बाद से पर्यटन उद्योग ने फिर गति पकड़ ली है। पिछले वर्ष इस सेक्टर में 25% की वृद्धि रही। डिजिटल मार्केटिंग और ई-कॉमर्स में वृद्धि की वजह से एडवरटाइजिंग, पीआर और मार्केट रिसर्च में भी 18% संभावनाएं बढ़ीं। वहीं ऑटोमेशन, ऑफिस एपलॉयन्स इंडस्ट्री 6% और ऑयल, गैस, पावर सेक्टर में 4% की वृद्धि हुई है।

यदि हम सिर्फ़ इन आँकड़ों को देखें तो ये अंदाजा लगा सकते हैं कि मरीन इंजीनियर, सप्लाई चेन विशेषज्ञ, डिजिटल मार्केटिंग, हॉस्पिटैलिटी मैनेजमेंट के लोगों की माँग बढ़ेगी। ये तो कुछ ही क्षेत्र हैं, जिसकी हम बात कर रहे हैं लेकिन ऐसे कई दूसरे क्षेत्र हैं, जहाँ तरक्की की उम्मीद की जा रही है और उनसे जुड़ी नौकरियों की भी। यहाँ सभी की बात नहीं की जा सकती लेकिन कुछ प्रमुख इंडस्ट्री और उससे जुड़ी महत्त्वपूर्ण जॉब प्रोफाइल की जानकारी दे रहा हूँ।

- **आईटी एवं आईटीईएस सेक्टर**

दुनिया भर की हर कंपनी ने अपने काम में तकनीक के इस्तेमाल को बढ़ा दिया है, जिसकी वजह से यह सेक्टर अब भी सर्वाधिक नौकरी देने वाला रहेगा। हमारी वर्कफोर्स तकनीकी रूप से उन्नत होने के साथ ही तुलनात्मक रूप से सस्ती है इसलिए विभिन्न अंतरराष्ट्रीय संस्थान अपना आईटी से जुड़ा काम भारत में आउटसोर्स कर रहे हैं।

AI का उचित इस्तेमाल सभी कंपनियों की कार्यकुशलता को कई गुना बढ़ा देगा। इस इंडस्ट्री में सॉफ्टवेयर डेवलपमेंट, कोडिंग के अलावा AI यानी आर्टिफ़िशियल इंटेलिजेंस के विशेषज्ञों की माँग में बहुत तेज़ी आने की संभावना है।

- **मैन्युफैक्चरिंग इंडस्ट्री**

पिछले कुछ वर्षों में भारत सरकार की तरफ से इंडस्ट्रीज़ को यहीं पर अपना प्रोडक्शन प्लांट लगाने के लिए आमंत्रित किया जा रहा है। इसके अलावा भारतीय उद्योग भी निर्यात के लिए विभिन्न प्रकार का उत्पादन करने लगे हैं। आने वाले वर्षों में कई सेक्टर भारत में फैक्ट्री लगाएंगे और उनकी मैन्युफैक्चरिंग यहीं होगी।

मैन्युफैक्चरिंग चूँकि कई इंडस्ट्री से संबंधित है इसलिए हम कई प्रकार की नौकरियाँ देख सकते हैं। मेरी नज़र में ऑटोमोबाईल, इलेक्ट्रॉनिक्स, इंडस्ट्रियल मशीनरी इत्यादि से जुड़ी नौकरियों की इस क्षेत्र में माँग होगी।

- **बैंकिंग एवं फ़ाइनेंस**

बैंकिंग, फाइनेंस और बीमा सेवाओं की बढ़ती माँग के कारण भारत में वित्तीय सेवा क्षेत्र इस समय महत्त्वपूर्ण विस्तार के दौर से गुजर रहा है। टेक्नोलॉजी से अब यह इंडस्ट्री भी अछूती नहीं। इसकी वजह से हम लगातार नयी फिनटेक कम्पनियों के उदय को देख रहे हैं। फिनटेक नवाचारों का उद्भव उद्योग को नया आकार दे रहा है और रोजगार के नये अवसर खोल रहा है। लोगों की आमदनी बढ़ने एवं निवेश को लेकर चेतना बढ़ने से देश में म्यूच्यूअल फंड और इक्विटी मार्केट में निवेश भी बढ़ा है।

इस क्षेत्र में सेल्स, ऑपरेशंस, एचआर के अलावा फाइनेंसियल एनालिस्ट, टेक विशेषज्ञ, जैसे एप्प डेवलपर, साइबर सिक्योरिटी विशेषज्ञ, फंड मैनेजरों, पोर्टफोलियो मैनेजर और प्रॉडक्ट मैनेजर की काफी माँग बढ़ेगी।

- **हेल्थकेयर, फार्मा एवं लाइफ साइंस इंडस्ट्री**

कोविड के बाद से ही हमारे देश में स्वास्थ्य सेवाओं के सुधार की ओर काफी ध्यान गया है। लोगों में स्वस्थ जीवन को लेकर चेतना पहले से अधिक हुई है। पहले लोग आर्थिक कारणों से स्वास्थ्य की जाँच कराने से बचते थे और अक्सर घरेलू इलाज करते थे। बढ़ते हेल्थ इन्श्योरेन्स ने लोगों को अस्पताल जाने की निश्चिंतता दी है। आयुष्मान योजना की वजह से गरीबों में भी स्वास्थ्य चेतना बढ़ी, दवा की जगह साल्ट लिखने से छोटी कंपनियों की भी दवाइयाँ बिकने लगी हैं। दुनिया भर में संक्रामक रोगों को लेकर अनुसंधान शुरू हो गये हैं। असाध्य बीमारियों के इलाज खोजने के लिए लगातार रिसर्च चल रही है।

उपरोक्त स्थिति को देखते हुए हॉस्पिटल मैनेजमेंट, नर्सिंग, फार्मासिस्ट, पैथोलॉजिस्ट, बायोटेक, साइंटिस्ट जैसी नौकरियों की माँग बढ़ेगी।

- **रिन्यूएबल एनर्जी**

2030 तक भारत 450 गीगावॉट रिन्यूएबल एनर्जी क्षमता चाहता है, जिसमें 5 गीगावॉट लघु जल विद्युत (हाइड्रोपॉवर), 10 गीगावॉट जैव ईंधन (बायोफ्यूल), 280 गीगावॉट सौर ऊर्जा और 140 गीगावॉट पवन ऊर्जा शामिल है। हाल के वर्षों में भारत के रिन्यूएबल एनर्जी उद्योग के तेज़ी से विस्तार के साथ, देश ने इस उद्देश्य को पूरा करने की दिशा में जबरदस्त प्रगति की है। देश में अभी मेगा सोलर पार्कों के निर्माण के कई कदम उठे हैं।

रिन्यूएबल एनर्जी प्रौद्योगिकियों में स्थापना, रख-रखाव और अनुसंधान के लिए कुशल श्रमिकों की आवश्यकता होगी। क्लीन एनर्जी के विकास के लिए सौर फोटोवोल्टिक, जलविद्युत, जैव ईंधन और पवन ऊर्जा जैसे क्षेत्र नवीकरणीय ऊर्जा क्षेत्र में रोजगार वृद्धि

को बढ़ावा देते हैं। 2022 में, अकेले सौर ऊर्जा उद्योग ने अतिरिक्त 52,080 लोगों को रोजगार दिया। अगर यह क्षेत्र इसी दर से बढ़ता रहा तो 2030 तक 10 लाख लोगों को रोजगार दे सकता है।

- **पर्यटन एवं हॉस्पिटैलिटी**

भारत का पर्यटन उद्योग उल्लेखनीय वृद्धि की ओर है। इस वजह से यह सेक्टर होटल प्रबंधन, ट्रैवल एजेंसियों, पाक कला, परिवहन और संबंधित सेवाओं में रोजगार की संभावनाएं प्रदान कर रहा है। महामारी के बाद पर्यटन क्षेत्र की वापसी आर्थिक विकास और रोजगार सृजन में योगदान देने के लिए तैयार है। इसके अतिरिक्त मनोरंजन और पर्यटन-संबंधी सेवाएं, रोजगार के अवसरों का और विस्तार करती हैं।

- **रियल एस्टेट**

रियल एस्टेट के बाज़ार में एक बार फिर पंख लग गये हैं। रियल एस्टेट हमेशा से एक अनियोजित सेक्टर माना गया। डिमांड और सप्लाई के बीच भी तारतम्य नहीं बैठे। पिछले कुछ वर्षों में सरकार द्वारा किये गये सुधारों एवं किफ़ायती घरों की योजना से अब निम्न मध्य वर्ग भी घर खरीदने के लिए तैयार है। इसके अलावा नये बनते एक्सप्रेसवे, स्मार्ट सिटी, लोगों की बढ़ती आमदनी, आसानी से मिलने वाले होम लोन की वजह से घरों और कमर्शियल प्रॉपर्टी की माँग काफी बढ़ी है। जैसा हमने पहले कहा कि भारत में अब निवेश बढ़ रहा है इसलिए ऑफिस एवं अन्य कमर्शियल स्पेस के लिए माँग भी बढ़ेगी।

इस क्षेत्र के बढ़ने से इंजीनियर, आर्किटेक्ट, रियल एस्टेट मैनेजमेंट सर्विस, फ़ाइनेंस के लिए काम बढ़ेगा।

- **ई-कॉमर्स एवं रिटेल**

  आज किसी भी चीज़ को खरीदने के लिए बाज़ार जाने से पहले लोग ऑनलाइन सामान देखते हैं। रिटेल बाज़ार भी अब ऑनलाइन हो गया है। हर कंपनी अब अपना ई-कॉमर्स स्टोर खोल रही है। भारत में 2026 तक ई-कॉमर्स व्यापार 163 बिलियन डॉलर तक होने की संभावना है। ये कंपनियाँ आने वाले वर्षों में महत्त्वपूर्ण नियोक्ता होंगी, जिन्हें आईटी विशेषज्ञों, डिज़िटल पेमेंट विशेषज्ञों, मर्चन्डाइज़र, डिज़िटल मार्केटिंग, वेब डेवलपमेंट से जुड़े पेशेवरों की आवश्यकता होती है। जिस तरह से प्रतिस्पर्धा बढ़ रही है, ये कंपनियाँ प्रतिस्पर्धी बने रहने के लिए, वॉयस रिकग्निशन, फिनटेक, रोबोटिक्स, वर्चुअल रियलिटी, AI और ML यानी मशीन लर्निंग जैसी उन्नत तक़नीकों को अपने प्लेटफॉर्म में जोड़ रही हैं। इस तकनीकी प्रगति से नये लोगों के लिए नौकरी के अवसर पैदा होने की उम्मीद है। मोबाइल कॉमर्स, AI, चैटबॉट्स, Augmented Reality और ऑटोमेशन ई-कॉमर्स उद्योग को आकार देने वाले प्रमुख रुझान हैं।

ऐसा नहीं कि सिर्फ़ यही इंडस्ट्री हैं, जो तरक़्क़ी कर रही हैं। वर्तमान परिदृश्य में इनमें सबसे ज़्यादा वृद्धि की संभावना हमें नज़र आ रही है। यदि आप देखें तो कुछ ऐसी स्किल्स या शैक्षिक योग्यताएं हैं, जिसकी ज़रूरत हर इंडस्ट्री को है। डिजिटल होना और टेक्नोलॉजी का इस्तेमाल उसमें सर्वप्रथम है, जिसकी वजह से इंजीनियर माँग में होंगे। साथ ही मार्केटिंग और फाइनेंस दो ऐसे महत्त्वपूर्ण फ़ंक्शन हैं, जिनकी हर इंडस्ट्री को आवश्यकता है।

नौकरी के लिए हमने सेक्टरों की बात की किन्तु कुछ जॉब प्रोफाइल सदाबहार रहेंगी; जिनमें किसी कंपनी को चलाने वाले प्रमुख फंक्शन जैसे सेल्स, मार्केटिंग, फाइनेंस, एचआर, आईटी हमेशा माँग में रहेंगी। किंतु ध्यान रखें कि पिछले कुछ वर्षों में इन सभी फंक्शन में काम करने का तरीक़ा

बदला है। उदाहरण के तौर पर मार्केटिंग में डिजिटल मार्केटिंग आयी और अब उसमें भी एक क़दम आगे परफॉरमेंस एवं ग्रोथ मार्केटिंग की अवधारणा आ चुकी है। फ़ाइनेंस के क्षेत्र में तकनीक की एंट्री हो चुकी, कंपनियाँ निवेश माँग रही हैं, इसलिए सिर्फ़ बही-खाते समझने वाला नहीं, इन्वेस्टर रिलेशन बनाने वाला और तकनीक समझने वाला विशेषज्ञ चाहिए होगा।

हर फील्ड में टेक्नोलॉजी का प्रवेश हो चुका है, जो काम करने के तरीक़े और रणनीति को बदल रहा है। आशंका है टेक्नोलॉजी लोगों की जगह काम करने लगेगी लेकिन उस टेक्नोलॉजी को बनाने और चलाने का काम तो इंसान ही करेगा, इसलिए जो अपने काम में टेक्नोलॉजी का इस्तेमाल करेगा, वह लगातार माँग में रहेगा।

ध्यान रखें, जो चमत्कार 60-70 के दशक में बहुत से लोगों के लिए हुआ, वह आज आपके लिए भी हो सकता है। बस बाज़ार की माँग को समझें और ख़ुद को तैयार करें।

सूत्र 2 ट्रेंड्स को पहचानकर सही समय पर सही जगह होना सफलता की पहली सीढ़ी है।

अध्याय
3

ख़ुद को पहचानिये

अपनी कल्पना में आप ख़ुद को कैसे देखते हैं?

आपके सपने क्या हैं?

आपके सपने इतने ज़रूरी क्यों हैं?

आपको इन सपनों से दूर रखने वाली चीज़ क्या है?

अपने जीवन की 5 महत्त्वपूर्ण चीज़ों की प्राथमिकता तय कर सकते हैं?

लिखें कि हर चीज़ पर आप कितना समय देते हैं?

वो क्या है, जो आप करते हैं, लेकिन नहीं करना चाहिए?

आपका व्यक्तित्व

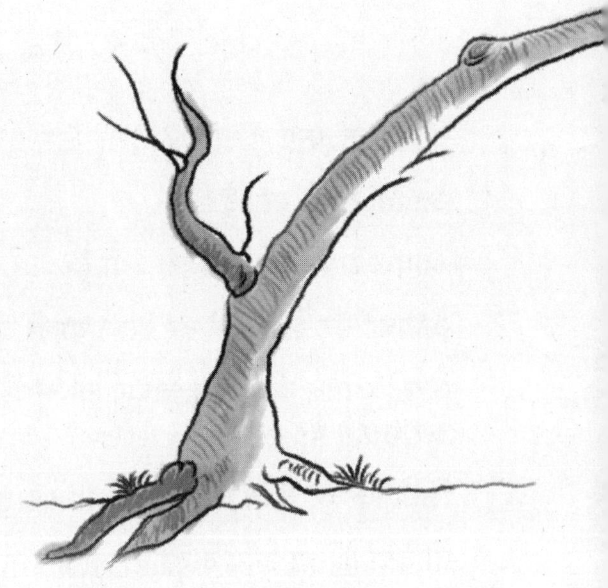

Knowing yourself

is the beginning of all **Wisdom**

- Aristotle

यह चैप्टर पहले मेरे प्लान में नहीं था। यहाँ पर स्वॉट एनालिसिस (SWOT Analysis) का चैप्टर होना था लेकिन अब वह एक चैप्टर आगे खिसक गया है। उस चैप्टर के आगे खिसकने की वजह है मेरे स्कूल का एक साथी, जिसे सब इसलिए पहचानते थे क्योंकि मॉर्निंग असेंबली में प्रार्थना के समय वह स्टेज पर म्यूजिक टीचर के साथ होता था।

हम शायद छठी या सातवीं क्लास में थे जब पहली बार अश्विन दलवी से परिचय हुआ। वह शायद उसी साल स्कूल आया था, या पहले से हो तो मैंने नहीं देखा। हम एक ही बैच में थे लेकिन हमारे सेक्शन अलग थे। अश्विन शक्ल से ही पढ़ाकू लगता था लेकिन मुझे आश्चर्य हुआ जब मैंने उसे सुबह की असेंबली में तबले के साथ स्टेज के पीछे देखा। आश्चर्य इसलिए क्योंकि पढ़ने वाले बच्चे तो पढ़ाई करेंगे न, वो तबला बजाना थोड़ी सीखेंगे! जब प्रार्थना शुरू होती तो हमारी म्यूजिक टीचर सी.एल. शर्मा मै'म हारमोनियम बजाना शुरू करतीं और अश्विन तबला। अश्विन अपनी उम्र के हिसाब से तबला बजाने में दक्ष था और उसकी यह दक्षता बढ़ती ही गयी।

मैं जब तक यह समझ पाता कि म्यूजिक अश्विन के लिए कितना महत्त्वपूर्ण है या यह सिर्फ़ शौक है, तब तक उसके पिता का ट्रांसफर हो गया और वह स्कूल से चला गया। यह ऐसा दौर था जब पेरेंट्स कहते कि हाँ, ये

म्यूजिक, स्पोर्ट्स वगैरह हॉबी के लिए ठीक है लेकिन नौकरी करने के लिए तो साइंस ही पढ़नी पड़ेगी। जाने कितने बच्चे हमारे स्कूल, मोहल्ले और देश में थे जिन्होंने अपने स्पोर्ट्स, म्यूजिक इत्यादि की हॉबी को किनारे रखकर मेडिकल या इंजीनियरिंग एन्ट्रेंस की तैयारी की। उनसे समाज ने उनका शौक हमेशा के लिए छीन लिया। अश्विन भी हमारे साथ स्कूल में आठवीं-नवीं क्लास तक था। हम जानते थे कि इसके बाद अश्विन भी म्यूजिक छोड़कर साइंस, कॉमर्स लेकर ऐसा ही कुछ कर रहा होगा।

अश्विन मुझे लगभग 20 साल बाद दुबारा मिला और इस बार उससे मिलकर फिर से मुझे आश्चर्य हुआ क्योंकि अश्विन ने अपना विषय 'म्यूजिक' चुना था। उसने संगीत में ही डिग्री ली और इस समय उसका नाम बड़े संगीतज्ञों में लिया जाता है। अश्विन की अपने क्षेत्र में अब अंतरराष्ट्रीय ख्याति है। उसने अपना म्यूजिक इंस्ट्रूमेंट तबले की जगह सितार चुन लिया था और 'सुर बहार' वादन में विशेषज्ञता प्राप्त की। आप अश्विन दलवी को गूगल करेंगे तो जानेंगे कि किस तरह उसने संगीत को ही अपना लक्ष्य बनाया और इस मुकाम पर पहुँचा।

अश्विन की कहानी और इस चैप्टर को बीच में लाने की आवश्यकता इसलिए पड़ी क्योंकि पिछले चैप्टर में हमने नौकरियों के ट्रेंड की बात की। एक दौर में लोग ट्रेंड के हिसाब से या सुरक्षित नौकरी ढूँढते थे। पहले डॉक्टर, इंजीनियर, टीचर, आईएएस, बैंक पीओ जैसी कुछ सरकारी नौकरियों को प्रतिष्ठित और सुरक्षित माना जाता था। फिर प्राइवेट सेक्टर में भी कुछ नौकरियों को अच्छा माना जाने लगा जैसे फाइनेंस, एचआर, एडवरटाइजिंग, सॉफ्टवेयर इंजीनियरिंग।

इस ट्रेंड में कुछ लोग सफल हुए और कुछ असफल। कारण यह था कि हममें से अधिकतर ने अपना करिअर चुना मगर किसी और की पसंद का। हम कभी ये नहीं समझ पाये कि हम क्या चाहते हैं, हम किस चीज़ में अच्छे हैं। सिर्फ़ नौकरी के लिए नहीं बल्कि अपनी ख़ुशी, अपने निजी जीवन की बेहतरी के लिए भी स्वयं को जानना बेहद आवश्यक है।

अश्विन ने ख़ुद को पहचाना। मैं आगे कुछ कहूँ उससे पहले एक क़िस्सा और। चंडीगढ़ में नौकरी के दौरान मेरी मुलाक़ात कुछ फोटोग्राफी के शौकीनों से हुई। फोटोग्राफी का हमारा एक छोटा-सा ग्रुप भी बना, जो धीरे-धीरे शहर का सबसे बड़ा फोटोग्राफी ग्रुप बन गया। इस ग्रुप में सभी उम्र के लोग जुड़ने लगे थे। हम लोग हर रविवार को एक थीम के साथ फोटोवॉक की योजना बनाते, फोटोवॉक पर जाते, तस्वीरें खींचते, एक दूसरे से फोटो खींचने की बारीकियाँ सीखते।

ग्रुप में कुछ छात्र थे, बाकी सभी सदस्य किसी अच्छी नौकरी या बिजनेस में थे। अब दौर बदल चुका था और हॉबी को करिअर बनाने की न सिर्फ़ वकालत होने लगी थी बल्कि जो ऐसा करे उसका सम्मान भी अधिक था। हम जैसे कुछ, जो नौकरी में थे, उन्हें लगने लगा कि मैं कुछ और करने ही तो धरती पर आया हूँ। मन किया कि अब नौकरी छोड़कर फोटोग्राफी को अपना पेशा बनाएं। **'अगर आप अपनी हॉबी को करिअर बना लो तो सफल होने से कोई नहीं रोक सकता'** वाली लाइन का पोस्टर तो कई दोस्तों ने ऑफिस के लैपटॉप में वालपेपर की तरह लगा लिया था।

मैं यहाँ आपको बताना चाहूँगा कि ये जो **हॉबी को करिअर बनाकर सफलता पाने वाली बात है, यह पूरी तरह से सच नहीं है।** हम सबने फोटोग्राफी को करिअर बनाने के बारे में सोचना शुरू किया, किसी-किसी ने प्रोजेक्ट्स भी लिए लेकिन सफल सिर्फ़ संदीप गुप्ता हुआ।

संदीप की नज़र वाकई फोटोग्राफी वाली थी। वह सिर्फ़ पेड़-पौधे, स्ट्रीट फोटो ही नहीं पोर्ट्रेट भी बहुत अच्छे खींचता था। आने वाले समय में संदीप ने चंडीगढ़ में पोर्ट्रेट फोटोग्राफी और प्री-वेडिंग शूट में अच्छा नाम कमाया। आखिर क्यों संदीप इस काम में सफल हुआ और हम सब असफल? क्या फ़र्क रहा?

हॉबी और काम दो अलग चीज़ें हैं। **हॉबी आपको ख़ुशी प्रदान करती है और प्रोफेशन आजीविका।** हॉबी में सर्वश्रेष्ठ होना ज़रूरी नहीं, समय की कोई सीमा नहीं। आप करें तो करें, न करें तो न करें। आपसे किसी को कोई अपेक्षा नहीं होती लेकिन जैसे ही आपकी हॉबी एक प्रोफेशन बनती है, उसकी माँग अलग होती है। वो पर्फेक्शन माँगती है, प्रोफेशनल अप्रोच माँगती है, समय माँगती है, जो आपकी नौकरी में दिये जाने वाले समय से अधिक हो सकता है। क्लाइंट की माँग आपके सिर पर होगी और व्यावसायिक प्रतिस्पर्धा तो जो होगी वो होगी ही। हम सब के लिए फोटोग्राफी हॉबी थी जिसे हम ख़ुशी के लिए करते थे।

अच्छे फोटोग्राफर होते हुए भी हम सब के असफल होने का दूसरा कारण यह रहा कि हमने ट्रेंड्स को तो देखा लेकिन स्वयं को नहीं पहचाना। कोई काम पसंद आना और उस काम को करिअर बनाना दो भिन्न बातें हैं।

मुझे घूमना और एडवेंचर बहुत पसंद है। कभी किसी घाटी में, तो कभी शहर की भीड़ में, किसी पहाड़ की चोटी पर चढ़कर वहाँ से शहर देखना... ऐसी नौकरी मिल जाए जो रोज नये शहर ले जाए। मुझे ख्याल आया पायलट का। पायलट रोज एक नये शहर जाता है, जिस शहर में घूमना चाहे रुक सकता है, वहाँ से कहीं चले जाना और फिर बादलों से बात करते वापस नौकरी पर लौट आना।

मैं सोचता रहता था कि घूमने और नये-नये शहर तक जाने के अलावा भी पायलट का जीवन कितना रोमांचकारी होता है। फ्लाइट को सही टेक ऑफ करने से लेकर सुरक्षित उतारने तक- हर रोज एक चैलेंज है। रोज हवा में कई हजार फीट ऊपर बादलों के बीच से गुजरना, रोज आसमान से जमीन को निहारना, बहती नदियों को देखना, रात को जगमगाते शहर देखना, पहाड़ देखना... बाकी कंपनी कितनी सारी सुविधाएं देती ही है... यह सब देख-सुनकर बहुत से लोग पायलट बनना चाहते हैं।

मुझे पायलट का जीवन बहुत रोमांचक लगता है, लेकिन मैं घूमने का शौक पूरा करने के लिए पायलट नहीं बन सकता। क्योंकि उनका काम मेरी नज़र में हर रोज एक ही जैसा होता है। और मैं एक जैसा काम ज़्यादा समय तक नहीं कर सकता। मुझे उसमें बदलाव चाहिए, इनोवेशन चाहिए, चैलेंज चाहिए। अगर हवाई जहाज उड़ाते हुए मैंने इनोवेशन कर दिया या फ्लाइट लैन्डिंग में चैलेंज ले लिया तो सोचिये क्या होगा!

जैसे कुछ लोगों को पायलट का काम पसंद है वैसे ही बहुत से लोगों को पत्रकारों का जीवन शानदार लगता है। माइक लेकर कहीं भी घुस जाओ, हर रोज टीवी पर नज़र आओ। लेकिन क्या आप जानते हैं कि यहाँ तक पहुँचने का सफर कैसे तय होता है? उस सफर को तय करने के लिए जो प्रोफेशन की माँग है, क्या हम रोज वह काम करने की इच्छा रखते हैं, क्या हम उस तरह की मेहनत कर सकते हैं? मैं मीडिया में रहा लेकिन मैं पत्रकार नहीं होना चाहूँगा क्योंकि मुझे मार्केट प्लानिंग और स्ट्रैटजी में मज़ा आता है। न्यूज़ सिर्फ़ पढ़ने में अच्छी लगती है। इसलिए जितना यह पता होना महत्त्वपूर्ण है कि आप क्या चाहते हैं, उतना ही महत्त्वपूर्ण यह जानना भी है कि आप क्या नहीं चाहते। क्योंकि यह जानना भी आपको अपने लिए उपलब्ध ऑप्शन में छँटनी करने का मौक़ा देगा।

स्वयं को जानना आपके अपने स्वॉट एनालिसिस के लिए भी काफी महत्त्वपूर्ण होगा और इसके लिए आपको स्वयं से कुछ प्रश्न पूछने होंगे और ईमानदारी से उनका जवाब भी ढूँढना होगा। अपने जीवन-मूल्यों और लक्ष्यों की खोज के लिए निम्नलिखित प्रश्नों के जवाब एक शीट पर स्वयं के लिए लिखिये:

- **अपनी कल्पना में आप ख़ुद को कैसे देखते हैं?**

इसे आसान भाषा में यूँ कह सकते हैं कि यदि आप ख़ुद को अपने आइडियल व्यक्ति के रूप में देखते तो आप कैसे होते? वैसे ही जैसे

हैं या इसमें कुछ बदलाव होता? आप अपने आइडियल व्यक्ति को देखकर भी इसका जवाब पा सकते हैं।

- **आपके सपने क्या हैं?**

सपने आपके होने चाहिए न कि आपके माता-पिता या दोस्तों के। आपको फ़ौजी इसलिए बनना है क्योंकि आपका दोस्त एनडीए देने जा रहा है या आप वाकई बनना चाहते हैं? आप बहुत पैसे कमाना चाहते हैं, आप एक कलाकार के रूप में पहचाने जाना चाहते हैं या ऐसी ही कोई छवि बनाना चाहते हैं?

इन सवालों के कई जवाब मिलेंगे। अब आप सोचिये कि ऐसी कौन सी चीज़ है जो आपके अंदर स्पार्क पैदा करती है? यह चीज़ आपका कोई टैलेंट, हॉबी या विचार है? इसे नोट कर लीजिए।

- **आपके सपने इतने ज़रूरी क्यों हैं?**

इस प्रश्न का जवाब आपको यह जानने में मदद करेगा कि आपकी पसंद है तात्कालिक है, किसी से प्रभावित है या आपके अंदर कोई ऐसी वास्तविक भावना या इच्छा है, जो उस लक्ष्य की ओर आपको ले जा रही है। आप डॉक्टर बनना चाहते हैं, पेंटर बनना चाहते हैं, पायलट की तरह हवा में उड़ना चाहते हैं या पहाड़ों में एक छोटा-सा घर लेकर कैफे ही चलाना चाहते हैं... आप जो भी सपना देखते हैं वह आपके लिए इतना महत्त्वपूर्ण क्यों है?

हर मध्यवर्गीय परिवार बच्चे को बचपन से पढ़ाई में अच्छे नंबर लाने और फिर एक अच्छी नौकरी करने के लिए प्रोत्साहित करता है। ऐसा ही मेरे एक मित्र आलोक वार्ष्णेय के साथ भी हुआ। आलोक पढ़ने में अच्छे थे, बी.एड. कर टीचर बनने का अवसर था लेकिन आलोक ख़ुद को और बड़ी चीज़ के लिए मौक़ा देना चाहते थे। उन्होंने यूपीएससी

दिया, प्री, मेंस निकालकर इंटरव्यू तक पहुँचे किंतु फाइनल सेलेक्शन न हो सका। आलोक ने बैंक पीओ की परीक्षा दी और स्टेट बैंक में अधिकारी बन गये। इस दौरान एक दिन उन्हें लगा कि असल में वह एक अच्छी नौकरी से जो कुछ चाहते थे वह बैंक नहीं दे रहा। वह ऐसी नौकरी करना चाहते थे जिसमें उन्हें ख़ुशी मिले, पैसा मिले और साथ ही समाज के लिए कुछ करने का आनंद भी।

आलोक याद करते हैं कि जब वह यूपीएससी की तैयारी कर रहे थे तो अपने साथियों को पढ़ाते थे। उनका पढ़ाया सबको समझ भी आता था। बैंक की नौकरी के दौरान जिनके घर में रहते थे उनकी कॉलेज में पढ़ रही बेटी को शाम एक घंटा बॉटनी पढ़ाते थे। उन्होंने पाया कि तैयारी और अब नौकरी के दौरान उन्हें जिस काम में आनंद आता था वह था पढ़ाना। एक दिन उन्होंने निर्णय लिया कि बैंक की नौकरी छोड़कर वह फिर तैयारी करेंगे और शिक्षक बनेंगे। आलोक पीओ की नौकरी छोड़कर आज दिल्ली सरकार के विद्यालय में शिक्षक हैं और बच्चों के बेहद प्रिय हैं।

आलोक स्टेट बैंक जैसी अतिरिक्त सुविधाओं वाली नौकरी छोड़कर शिक्षण चुनने में इसलिए सफल हुए क्योंकि उन्हें पता है कि उनका सपना उनके लिए कितना महत्त्वपूर्ण है। आलोक कहते हैं कि यदि मैं स्वयं को उस समय पहचान लेता, जब पहली बार बी.एड. का मौक़ा मिला था, तो आज शिक्षण में 8 साल और सीनियर होता। मैं आलोक की इस बात से सहमत होते हुए भी कुछ असहमत हूँ, क्योंकि जिस दौर में उन्होंने बी.एड. पहली बार छोड़ा तो उनके लिए यूपीएससी का लक्ष्य अधिक महत्त्वपूर्ण था। यदि तब वह अध्यापक बनते तो संभवतः पढ़ाने में उतना आनंद न लेते जितना अब लेते हैं। क्योंकि अपने आपको कई मोर्चों पर साबित करने के बाद अब उन्हें पता है कि वह किस काम के लिए बने हैं।

- **आपको इन सपनों से दूर करने वाली चीज़ क्या है?**

  एक व्यक्ति ईश्वर से रोज प्रार्थना करता था कि भगवान मेरी एक करोड़ की लॉटरी लगा दे। उसने 10 साल तक प्रार्थना की लेकिन लॉटरी नहीं निकली। उसने गुस्से में भगवान को भला-बुरा कहना शुरू कर दिया। भगवान प्रकट हुए और बोले- तेरी लॉटरी तो मैं निकलवा दूँ लेकिन पहले लॉटरी खरीद तो सही।

  हमारे सपनों के पूरा होने में कई बाधाएँ हो सकती हैं, जिसमें एक बाधा हम स्वयं या हमारे प्रयास भी हो सकते हैं, जैसे कि इस लॉटरी वाले के हुए। कुछ बाधाएं आपके नियंत्रण से बाहर की हो सकती हैं तो कुछ ऐसी हो सकती हैं जिनका समाधान निकल सकता है। उदाहरण के लिए मान लीजिए कि आप जिस क्षेत्र में आगे बढ़ना चाहते हैं उस विषय की पढ़ायी किसी और शहर में होती है। ऐसी बाधाओं का समाधान निकल सकता है।

- **अपने जीवन की 5 महत्त्वपूर्ण चीज़ों की प्राथमिकता तय कर सकते हैं?**

  अपने जीवन की 5 से 10 महत्त्वपूर्ण चीज़ों की सूची बनाएं। जैसे करिअर, परिवार, रिश्ते, दोस्ती, प्यार, पैसा या कुछ और... वो सब जो आपको लगता है कि सबसे ज़्यादा महत्त्वपूर्ण है। जब यह सूची बन जाए तो इन सब चीज़ों को रैंकिंग दीजिए, जो सबसे महत्त्वपूर्ण हो वह पहले नंबर पर रखिए। आपके मन में दुविधा आ सकती है कि कुछ चीज़ें बराबर हैं। जैसे करिअर और परिवार, लेकिन आपको रैंक देना ही होगा। तभी आप अपने सपने को पूरा करने के लिए ज़रूरी और मुश्किल फ़ैसले ले पाएंगे।

- **लिखें कि हर चीज़ पर आप कितना समय देते हैं?**

  हॉबी को एक घंटा, परिवार के साथ दो घंटे, पढ़ाई को तीन, दोस्तों को पाँच घंटे और प्यार से पूरी रात बात... नहीं ऐसा नहीं कि आप ऐसा ही करते होंगे, मैंने बस एक उदाहरण दिया। आप देखेंगे कि आपका खर्च किया गया समय आपकी प्राथमिकता के अनुरूप है या नहीं। अगर नहीं, तो आप जानते हैं आपको क्या करना है।

- **क्या है जो करते हैं लेकिन आपको नहीं करना चाहिए?**

  एक सूची और बनाइए- उन चीज़ों की, जो आप चाहे करते हों या न करते हों लेकिन अपने छोटे बहन-भाइयों को करने के लिए कहेंगे या मना करेंगे। यह सूची आपको उन बातों को जानने में मददगार होगी, जिनका महत्त्व या बुराई आप जानते हैं लेकिन ख़ुद उन पर अमल नहीं करते। अब आपको पता है कि आपको क्या सुधारना है। इन सवालों के जवाब आपको ख़ुद के बारे में और जानने में मदद करेंगे। व्यक्तित्व से जुड़े सवालों में आपको किसी बाहरी व्यक्ति का भी फीडबैक लेना चाहिए, जो परिवार का सदस्य, अध्यापक या दोस्त हो। उनके जवाब और अपने जवाबों को मिलाकर आप अपने बारे में उचित निर्णय लें।

आपका व्यक्तित्व

अब तक हमने जो प्रश्न स्वयं से पूछे वे हमारे मन और हमारे व्यवहार को समझने के लिए थे। सफल होने के लिए जितना स्वयं को भीतर से जानना आवश्यक है उतना ही अपने व्यक्तित्व के बाहरी पहलुओं को समझना भी ज़रूरी है। इसके लिए भी नीचे दिए कुछ सवालों का जवाब आप ख़ुद के लिए ईमानदारी से लिखें :

- अपने आपको 3 शब्दों में बताइये।
- क्या आपका व्यक्तित्व बचपन से अब तक में कुछ बदला है? जैसे बचपन में अंतर्मुखी हों लेकिन अब बहिर्मुखी या इसका उलट।
- क्या आपका व्यक्तित्व अपने माता या पिता जैसा है?
- आप अपनी किस ख़ूबी को सबसे ज़्यादा पसंद करते हैं?
- आपकी सबसे बड़ी कमजोरी क्या है?
- आपकी सबसे बड़ी ताकत क्या है?
- किन चीज़ों से आपको भय लगता है?
- आप निर्णय कैसे लेते हैं? तार्किक तौर पर या अंदाजे के आधार पर कि यह ठीक होगा।

सूत्र 3 एक बार आपने ख़ुद को जान लिया तो आपके सपने और लक्ष्य तय करना बेहद आसान हो जाएगा।

अध्याय
4

स्वॉट एनालिसिस

क्षमता	Strength
कमजोरियाँ	Weakness
अवसर	Opportunity
ख़तरे	Threats

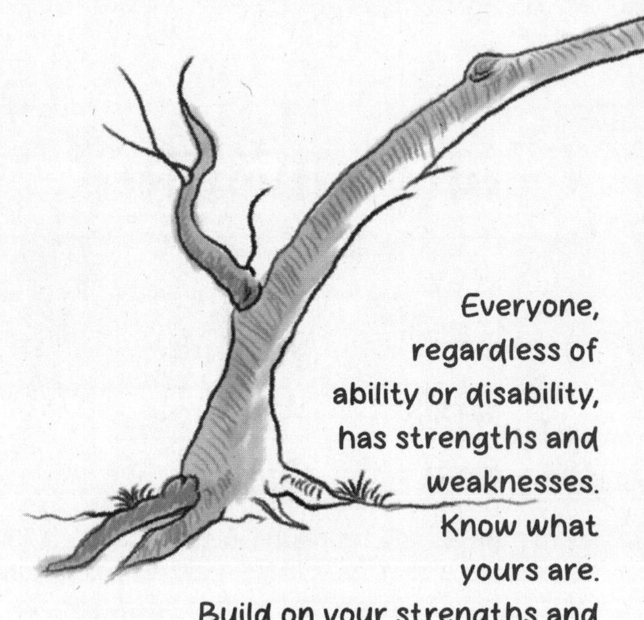

Everyone,
regardless of
ability or disability,
has strengths and
weaknesses.
Know what
yours are.
Build on your strengths and
find a way around your weaknesses.

- Brad Cohen

रूपेश और मैंने अपना करिअर एक साथ, एक ही टीम में समान पद से शुरू किया इसलिए शुरू में जॉब प्रोफाइल भी कुछ एक-सी थी। कुछ समय के बाद मुझे ग्राउन्ड एक्टिवेशन और क्रॉस प्रमोशनल टाइ-अप के काम दिये जाने लगे और रूपेश को कम्युनिकेशन और क्रिएटिव से जुड़े हुए काम मिले। हम दोनों को जो काम मिले हम उसमें बेहतर थे।

यह हमारी पहली नौकरी थी। टीम में चार और ऐसे लोग थे, जिनकी यह पहली नौकरी थी। हम लोगों के बीच बांड बड़ा गहरा था। आज तक है। हमारी टीम में जब भी नयी नौकरी के लिए कहीं से कॉल आती तो पूरी टीम आपस में चर्चा करती और जिसे कॉल आयी होती उसे तैयारी करवाती थी। हम लोग एक-दूसरे के काम से जुड़े पक्ष भी सीखते थे क्योंकि इंटरव्यू हम अगले पद के लिए दे रहे थे और वहाँ पहुँचने के लिए हमें अपने वर्तमान के काम से अधिक आना ज़रूरी था।

इस पूरे टीमवर्क के बीच एक अनोखी बात यह थी कि रूपेश किसी इंटरव्यू के लिए नहीं जाता था। उसका कहना था कि उसे कुछ और करना है। वह प्रोग्रामिंग में जाना चाहता था। तब हमें पता ही नहीं था कि प्रोग्रामिंग क्या चीज़ है। रूपेश ने बताया कि टीवी और रेडियो इंडस्ट्री में जो शो आते हैं, उनका कॉन्सेप्ट बनाना, शो का प्रोडक्शन, शो चलाने से लेकर और भी

कई चीज़ें इसमें आती हैं। रूपेश यही करना चाहता था। उसे पता था कि वह अपनी क्रिएटिवटी को इस काम में बेहतर इस्तेमाल कर सकता है। हमारी टीम में रूपेश पहला व्यक्ति था जो 'स्वयं को पहचानता' था। अब प्रश्न यह है कि रूपेश ख़ुद को तो पहचानता है लेकिन अपने इस सपने को वह कैसे पूरा करेगा? प्रिंट मीडिया इंडस्ट्री में सोशल मीडिया के देखने वाली मारकॉम की प्रोफाइल से टेलिविज़न या रेडियो इंडस्ट्री में इस नयी प्रोफाइल पर कैसे जाए? रूपेश का SWOT एनालिसिस किया गया। SWOT का फुल फॉर्म है- **S**trengths, **W**eaknesses, **O**pportunities, **T**hreats.

नौकरी में सफलता पाने के लिए SWOT एनालिसिस एक महत्त्वपूर्ण और प्रभावी टूल है। यह एक प्रकार का रणनीतिक विश्लेषण है, जो किसी व्यक्ति की विशेषज्ञता और भावी अवसरों को पहचानने में मदद करता है, साथ ही कमजोरियों और ख़तरों को भी पहचानता है।

रूपेश की स्ट्रेंथ थी उसका क्रिएटिव होना और शैक्षणिक योग्यता के आधार पर प्रोग्रामिंग की समझ होना। उसकी वीकनेस यह थी कि उसके पास इस काम का कोई अनुभव नहीं था। वह न्यूज़ मीडिया इंडस्ट्री में था न कि एंटरटेनमेंट इंडस्ट्री में। लोकेशन भी एक समस्या थी। इस प्रोफाइल की अधिकतर माँग मुंबई में थी और हम लोग दिल्ली में थे। अपॉर्च्यूनिटी की बात करें तो एफएम रेडियो का नये शहरों में लगातार विस्तार हो रहा था और वहाँ पर प्रोग्रामिंग के लिए नये और युवा लोग चाहिए थे, साथ ही बहुत सी रेडियो कंपनी के हेड ऑफिस दिल्ली में भी थे। थ्रेट की बात करें तो रूपेश का मुक़ाबला उन लोगों से होता जो पहले से इस इंडस्ट्री में हैं।

रूपेश को अपना SWOT पता था। उसने रेडियो और टेलिविज़न इंडस्ट्री की खबरों और नये शो के बारे में ख़ुद को अपडेट रखा, उन प्रोग्राम में क्या नया हो सकता है, उसे समझा। अपनी शैक्षणिक योग्यता और वर्तमान अनुभव के साथ वह ख़ुद को रेडियो इंडस्ट्री में काम करने वालों से बेहतर कैसे साबित करेगा, इसकी तैयारी की। रूपेश ने नौकरी बदलने की हड़बड़ी नहीं

की, जब तक उसे पसंद का काम नहीं मिला। उसकी मेहनत रंग लायी और वह बिग एफएम के साथ मुंबई में जुड़ा। कुछ वर्षों बाद उसने रेडियो इंडस्ट्री में ही जॉब-स्विच किया और अभी देश के एक बड़े रेडियो चैनल में प्रॉडक्ट हेड के तौर पर काम कर रहा है।

रूपेश के उदाहरण को देखें तो यह समझ में आता है कि अपने सपने को पूरा करने के लिए अपने ख़ुद को पहचानने और एक ईमानदार स्वॉट एनालिसिस भी आवश्यक है। स्वॉट एनालिसिस जितना ईमानदार होगा उतना ही आप अपने आप को बेहतर बनाकर नये मौक़ों के लिए तैयार कर पाएंगे।

स्वॉट एनालिसिस सिर्फ़ व्यक्ति का ही नहीं, किसी टीम और किसी कंपनी का भी हो सकता है। आइए, थोड़ा और समझते हैं कि स्वॉट एनालिसिस है क्या? इसे कैसे करें ताकि हम अपनी क्षमता, कमजोरियों, मौक़ों और ख़तरों को समझकर स्वयं को भविष्य के लिए तैयार कर सकें?

क्षमता (Strength)

हमारी स्ट्रेंथ या क्षमता पूर्ण रूप से हमारी होती है इसलिए हम इसे आन्तरिक कह सकते हैं। जब अपनी स्ट्रेंथ की सूची बनाएँ तो निम्नलिखित बातों को लिखें:

- आपकी शैक्षिक योग्यता या ऐसा कोई डिप्लोमा / डिग्री / सर्टिफिकेट जो आपको बाक़ी लोगों से आगे खड़ा करे।
- कोई ऐसी स्किलसेट या विशेषज्ञता, जो उस पद पर आपको सफल होने में मदद करे।
- कोई कैम्पेन या प्रोजेक्ट जो आपके द्वारा किया गया हो और वह सफल रहा हो।
- आपको कितनी भाषाओं का ज्ञान है?

- क्या इंडस्ट्री में आपके संपर्क हैं? यह ख़ुद आपके पिच के लिए भी काम आएगी और अगर किसी ऐसी नौकरी में जा रहे हैं, जहाँ क्लाइंट से मिलना हो तब भी ये संपर्क आपके काम आएँगे।
- आपकी सॉफ्ट स्किल्स, जो बहुत बेहतर हों जैसे कि कम्यूनिकेशन स्किल, प्रेजेंटेशन स्किल्स या ऐसी ही कोई और बात जो आपको औरों से अलग करे।

ये सिर्फ़ ऐसी चीज़ों का उदाहरण है जिसे आप आसानी से ढूंढ सकते हैं लेकिन इस सूची के बारे में और सोचेंगे तो आपको जोड़ने योग्य बहुत सी बातें मिलेंगी। जैसे अपनी क्षमता या स्ट्रेंथ को जब हम एक बार पहचान लेंगे तो हम उनका बेहतर इस्तेमाल अपने लक्ष्य की प्राप्ति में कर पाएँगे। अंग्रेजी में कहा जाता है: STAND OUT FROM THE REST. कुल मिलाकर आपको ऐसी कुछ चीज़ें ढूँढ़नी हैं, जो आपको 'स्टैंड आउट फ्रॉम द रेस्ट' होने में मदद करें।

मैंने दैनिक भास्कर से इस्तीफ़ा दिया लेकिन कुछ ही समय बाद मुझे प्रमोशन व एक बड़े पद पर पुनः लिया गया क्योंकि मैं ब्रांड और मार्केटिंग का होने के बावजूद कंटेंट को समझता था। मेरी यह समझ अख़बार की ब्रांडिंग के लिए रणनीति बनाने में बहुत कारगर होती थी। आप कहीं भी काम करें अपनी उन क्षमताओं का प्रदर्शन भी करें जिनका इस्तेमाल कम होता हो लेकिन आपके भविष्य के लिए बेहतर हो। कंटेंट की मेरी समझ पहली नौकरी में नये प्रॉडक्ट लांच के समय बनी थी। वही सीख इस नौकरी में प्रमोशन दिलाने में काम आयी।

कमजोरियाँ (Weakness)

हमारी क्षमताओं की तरह ही वीकनेस या कमजोरियाँ भी आंतरिक होती हैं। जैसे आपने स्ट्रेंथ की सूची बनायी वैसे ही वीकनेस की भी बनानी है। यह सूची

न सिर्फ़ आपको सुधार के लिए मदद करेगी बल्कि इंटरव्यू तक में कई कठिन सवालों के जवाब देने में कारगर होगी।

- क्या आपके पास संबंधित नौकरी के लिए उचित डिग्री है? यदि डिग्री है तो क्या अंक अच्छे हैं? अगर नहीं तो इसे लिखें।
- क्या कोई बुरी आदत है जिसका प्रभाव आपके काम पर पड़ता है? जैसे देर से जागना, समय से न पहुँचना, गुस्सा हो जाना, लड़ना इत्यादि...
- क्या आपकी कम्यूनिकेशन स्किल ख़राब है?
- क्या आपको आवश्यक तकनीकी ज्ञान है, चाहे वह AI हो या PPT बनाना?
- इनके अलावा ऐसी कौन सी कमियाँ हैं जो आपको नौकरी पाने में अवरोध पैदा कर सकती है?
- क्या कोई ऐसी चीज़ है जिसे आप कमी नहीं मानते लेकिन दूसरे मानते हैं?

जब भी इन सवालों का जवाब खोजें पूरी ईमानदारी से खोजें। कोई भी व्यक्ति सम्पूर्ण नहीं होता। हर किसी में कमजोरियाँ होती हैं। अब यह हम पर हैं कि हमें अपनी कमजोरियों को नज़रंदाज़ करना है, बहाना खोजना है या उसे पहचानकर दूर करके सफलता के रास्ते पर चलना है।

मेरा एक क्लासमेट फाइनेंस की बहुत अच्छी समझ रखता था। वह इनवेस्टमेंट मार्केट को इतना समझता था जितना संभवतः मेरे अध्यापक नहीं समझते थे। उसकी यह स्ट्रेंथ नौकरी दिलाने को काफी थी मगर कैंपस प्लेसमेंट के दौरान उसका कहीं भी सेलेक्शन नहीं हुआ। वजह थी कम्युनिकेशन स्किल। वह इंटरव्यू के दौरान अपनी बातों को ठीक से रख ही नहीं पाया। हम सभी दोस्तों ने अपने SWOT किये थे, उसने भी किया

लेकिन वीकनेस में कम्यूनिकेशन स्किल नहीं लिखा था। उसने ख़ुद से ही झूठ बोला, और वह झूठ उसपर भारी पड़ा। अच्छी बात यह रही कि उसने 6 महीने ख़ुद को तैयार करने में लगाये। परिणामस्वरूप अगले कुछ सालों में वह एक म्यूचुअल फंड कंपनी के वाइस प्रेसीडेंट पद तक पहुँचा।

अवसर (Opportunity)

अवसर हमसे प्रायः छूट जाता है क्योंकि वह अतिरिक्त काम की तरह दिखता है। - थॉमस अल्वा एडिसन

कहा जाता है कि 'अवसर' दरवाजा खटखटाकर नहीं आते, उन्हें खोजना पड़ता है और सही समय पर पकड़ लेना होता है लेकिन जैसा थॉमस एडिसन ने कहा कि हम अवसर और अतिरिक्त काम में फर्क नहीं कर पाते। जिस तरह क्षमता और कमजोरी हमारी आंतरिक होती है वैसे अवसर बाहरी फैक्टर है। यह सही है, अवसर बाहर से आएंगे लेकिन उन्हें पहचानें कैसे? आप कुछ चीज़ों पर नज़र रख सकते हैं, जो आपको भविष्य में अवसर खोजने में मदद करेंगे:

- क्या आपकी इंडस्ट्री या कंपनी में कोई बड़ा बदलाव होने जा रहा है? क्या इस बदलाव से उत्पन्न होने वाले मौक़े में आपके लिए कुछ है?
- क्या आपकी इंडस्ट्री में कोई बड़ा तकनीकी बदलाव आ रहा है, जैसे AI या मार्केटिंग में डिजिटल मार्केटिंग की...
- क्या आपकी कंपनी में कोई ऐसा व्यक्ति नौकरी छोड़ रहा है, जिसकी जगह पर आप काम करना चाहें?
- क्या आपकी कंपनी में कोई ऐसी वेकेंसी है, जिसके लिए आपके स्किलसेट परफ़ेक्ट बैठते हों?

- क्या आपकी कंपनी ने कोई ऐसा प्रोजेक्ट शुरू किया है, जिसमें जुड़ने से आपको न सिर्फ़ नया सीखने को मिलेगा बल्कि करिअर में आगे बढ़ने का मौक़ा भी?

ऐसे कई सवाल और हो सकते हैं, जिनको ध्यान में रखने पर आपको नये अवसर मिल सकते हैं। एक और बात का ध्यान रखना, जितना महत्त्वपूर्ण अवसर को खोजना है, उससे अधिक महत्त्वपूर्ण सही अवसर के लिए प्रयास करना है। यदि आपको कोई ऐसा मौक़ा मिले, जो आपकी क्षमताओं या स्ट्रेंथ से मिलता हो तो यह सोने पर सुहागा होगा। लेकिन यदि कोई रोल आकर्षक हो मगर आपकी स्किल पूरी तरह से उससे न मिलती हो तो उस मौक़े को लेने से पहले उसके सभी पक्षों को ठीक से सोच लीजिए।

मैं एक डिजिटल मार्केटिंग प्रोफेशनल की यात्रा पढ़ रहा था। उसने लिखा था कि वह 7 साल तक सॉफ्टवेयर इंजीनियर रहा। काम के दौरान जब उसे समय मिलता, वह इंटरनेट पर कोई न कोई कोर्स करता था। हँसमुख और मिलनसार वह था ही। एक दिन उसे पता लगा कि उसकी कंपनी में डिजिटल मार्केटिंग का एक नया और बड़ा विंग खुल रहा है। उसने सॉफ्टवेयर इंजीनियर बने रहने और डिजिटल मार्केटिंग में जाने के सभी पक्षों पर विचार किया, अपना SWOT एनालसिस किया और फिर करिअर की गाड़ी को एक नयी दिशा में मोड दिया। सॉफ्टवेयर और तकनीक की उसकी समझ की वजह से वह डिजिटल मार्केटिंग टूल्स का भी बेहतरीन इस्तेमाल कर लेता था।

ख़तरे (Threats)

अवसर की तरह ही ख़तरा भी बाहरी तत्व है, इसलिए नज़र यहाँ भी बनाये रखनी होगी। कुछ सवाल जो आपको संभावित ख़तरे की घंटी सुनने में मदद करेंगे:

- क्या आप प्रमोशन की अपेक्षा कर रहे हैं लेकिन आप ही जैसे रोल में आपका साथी आपसे बेहतर कर रहा है?

- क्या नयी टेक्नोलॉजी या नये ट्रेंड्स से आपके द्वारा किया जा रहा काम खत्म होने वाला है?
- क्या आपकी पर्सनालिटी या कमियाँ आपके रास्ते में रोड़ा अटका रही हैं?
- आपकी निजी जिंदगी का प्रभाव आपकी प्रोफेशनल जिंदगी पर तो नहीं पड़ रहा?

पहले तीनों बिंदुओं की तरह यहाँ भी कई और प्रश्न हो सकते हैं, जो आपके लिए ख़तरों को मौक़े में बदलने का अवसर बन सकते हैं।

मेरी टीम में एक बहुत होनहार लड़का था। अगर उसे अपने प्रोजेक्ट में कोई दिक्कत आयी तो वह कहीं न कहीं से उसका समाधान खोज लेता था, इसके बावजूद मुझे उसे निकालना पड़ा। वजह थी उसका डिसिप्लिन। वह कभी ऑफिस समय पर नहीं आया। लगातार टोकने के बावजूद उसपर कोई फ़र्क नहीं पड़ा। जब उसे यह एहसास हुआ कि उसकी काम की समझ के कारण हम उसे हटा नहीं रहे तो उसने अनुशासन को और तोड़ना शुरू किया। उसके काम पर टीम के कुछ अन्य लोगों का काम भी निर्भर करता था, जिसमें उसकी वजह से देर होती थी। उसकी अनुशासनहीनता का प्रभाव न सिर्फ़ काम पर पड़ रहा था बल्कि पूरी टीम ही डिस्टर्ब हो रही थी। अंततः मुझे कठोर निर्णय लेना पड़ा।

आप देखिये कि तमाम खूबियों के बावजूद मेरा एक मित्र कम्युनिकेशन स्किल के कारण पिछड़ा तो दूसरा अनुशासन की वजह से। दोनों को अपनी कमजोरियाँ पता थीं, दोनों ने ख़तरा भी भाँप लिया था लेकिन उचित क़दम नहीं उठाया।

स्वॉट एनालिसिस के व्यावहारिक पक्ष को और बेहतर समझने के लिए हम एक बार फिर आलोक वार्ष्णेय की कहानी पर चलते हैं, जो अपनी जमी-जमाई बैंक की नौकरी छोड़कर टीचिंग में शिफ्ट कर गये। आप आलोक का

स्वॉट एनालिसिस करके देखें। आलोक की स्ट्रेंथ थी अपने विषय की समझ और उसे लोगों को ठीक से समझा पाने का कौशल। यानी वह शिक्षक बन सकता था। उनकी वीकनेस यह थी कि उनके पास शिक्षक बनने के लिए आवश्यक बी.एड. की डिग्री नहीं थी। अपॉर्च्यूनिटी थी उनकी उम्र और आने वाली शिक्षकों की भर्तियाँ। थ्रेट था बी.एड. करने के लिए जमी-जमाई नौकरी छोड़ने का रिस्क।

आलोक ने अपनी वीकनेस दूर करने के लिए पहले बी.एड. किया और स्ट्रेंथ एवं अपॉर्च्यूनिटी का इस्तेमाल कर मनपसंद नौकरी पायी। इसे आजमाएँ, ईमानदारी से किया हुआ स्वॉट एनालिसिस आपकी कमजोरियों को दूर कर क्षमताओं को बढ़ाएगा और संभावित ख़तरों से बचाकर नये अवसर प्रदान करेगा।

सूत्र 4 SWOT कुछ-कुछ अंतराल पर करते रहें, क्योंकि वक़्त और अनुभव के साथ स्वॉट और ज़रूरतें बदलती रहती हैं।

अध्याय
5

पर्सनल ब्रांडिंग

पर्सनल ब्रांडिंग कैसे करें?

ड्रेसिंग और ग्रूमिंग

मौक़ों को हाँ कहें

नेटवर्किंग

लगातार सीखते रहें

PERSONAL BRANDING IS
not about you. It's about putting your
STAMP ON THE VALUE
YOU DELIVER TO OTHERS.

- *William Arruda*

अभिनव ऑफिस में सबकी पसंद था। कंपनी का फाउंडेशन डे हो तो उसकी प्लानिंग करेगा अभिनव। ऑफिस में दिवाली का प्रोग्राम हो तो एचआर टीम की उम्मीद होगा अभिनव। कोई नया प्रोजेक्ट शुरू होना हो तो सुपरवाइज़र या टीम का प्रमुख हिस्सा होगा अभिनव। प्रोजेक्ट ट्रैक से भटक जाए तो वापस ट्रैक पर लाने के लिए जिसे जिम्मेदारी मिलेगी वह होगा अभिनव। अभिनव के ऊपर मैनेजमेंट से लेकर जूनियर तक, एचआर, प्रोडक्शन से लेकर उसके अपने डिपार्टमेंट तक, सबको यह भरोसा था कि जिस प्रोजेक्ट में वह होगा प्लानिंग ठीक होगी। क्योंकि वह सभी टीमों के बीच सामंजस्य बिठाकर उनके साथ बिन्दुवार सभी पक्षों पर विचार कर लेगा और फिर अपना मत देगा।

अभिनव कंपनी के फाइनेंस डिपार्टमेंट में मैनेजर था लेकिन हर डिपार्टमेंट उसकी खूबियों को जानता था। टीम वर्क और प्लानिंग अभिनव की पहचान थी। दूसरे शब्दों में कहें तो अभिनव की यह पहचान उसकी पर्सनल ब्रांडिंग थी।

प्रॉडक्ट तो कई होते हैं लेकिन ब्रांड कम ही बन पाते हैं। ब्रांड एक ऐसे नाम, डिज़ाइन या ऐसी विशेषता को कहा जाता है, जो किसी एक विक्रेता के प्रॉडक्ट को दूसरे से अलग करता है। ब्रांड किसी प्रॉडक्ट की एक खास

पहचान होती है, जैसे सर्फ एक्सेल मतलब ऐसा डिटर्जेंट, जो सारे दाग साफ कर दे। मैगी मतलब झटपट तैयार हो जाने वाला नूडल...। इसी तरह किसी व्यक्ति की पर्सनल ब्रांडिंग भी एक खास पहचान है, जैसे अभिनव की थी। किसी व्यक्ति का हाथ मिलाने का अंदाज, किसी के कपड़े पहनने का एक खास ढंग, काम करने का कोई अलग तरीक़ा आदि। ऐसे कई अन्य पक्ष उसकी पर्सनल ब्रांड का हिस्सा हो सकते हैं।

आज के युग में नौकरी और तरक्क़ी पाने में पर्सनल ब्रांडिंग का बड़ा महत्त्व है। प्रॉडक्ट को ब्रांड बनाने के लिए जिस तरह तमाम पक्षों पर काम करना होता है वैसे ही किसी व्यक्ति का पर्सनल ब्रांड बनना भी कई कारकों पर निर्भर करता है। मिलने वाले या इंटरव्यू लेने वाले के दिमाग में अपना ब्रांड बनाना पूरी तरह से हम पर ही निर्भर करता है। पर्सनल ब्रांड ऑनलाइन एवं ऑफलाइन दोनों ही तरह से बनाया जाता है।

हम किसी के बारे में पहला विचार उसे देखकर बनाते हैं इसलिए उचित जगह पर उचित प्रकार के कपड़े पहनना, प्रेजेंटेबल दिखना महत्त्वपूर्ण है। हालाँकि आजकल 'फर्स्ट इम्प्रेशन' ऑनलाइन बनता है। किसी भी इंटरव्यू में बुलाए जाने से पहले आपका सोशल मीडिया, ऑनलाइन प्रजेंस देखा जाता है। आप ऑनलाइन कैसा व्यवहार करते हैं, क्या लिखते हैं, यह सब आपके बारे में एक धारणा बनाने में मदद करता है। इसलिए हमें रियल दुनिया हो या वर्चुअल दुनिया, दोनों ही जगह अपने मज़बूत पक्षों को दिखाना है।

पर्सनल ब्रांडिंग कैसे करें?

फर्स्ट इम्प्रेशन बना चुके लेकिन अगला पड़ाव इंटरव्यू में या नौकरी में अपना ब्रांड बनाना है। जब इंटरव्यूअर हमसे सवाल पूछता है तब वह हमारे व्यक्तित्व के कई पक्षों को जानने का प्रयास करता है। इसलिए सबसे पहले ख़ुद से चार सवाल पूछें:

1. मैं कौन हूँ और क्या करना चाहता हूँ?

2. मेरी ख़ूबियाँ क्या हैं?

3. मेरी यूनीक वैल्यू प्रपोजीशन क्या है?

4. मेरे जीवन मूल्य क्या हैं? किन विचारों के लिए खड़ा हूँ, किन मुद्दों पर समर्पित हूँ?

पहले दोनों बिंदुओं की हम पिछले चैप्टर में बात कर चुके हैं, इसलिए सीधे तीसरे बिंदु पर चलते हैं। यूनीक वैल्यू प्रपोजीशन का अर्थ है एक ऐसी ख़ूबी जो आपको औरों से अलग दिखाये, जो आपकी पहचान बन सके। अभिनव के मामले में उसके टीम वर्क को उसकी यूनीक वैल्यू प्रपोजीशन कह सकते हैं।

जीवन मूल्यों को पहचानना और उन पर काम करना आपके व्यक्तित्व और विचारों को एक दिशा देगा, जो हमेशा आपके व्यक्तित्व में झलकेगा। साथ ही कंटेन्ट के जरिए आपकी ब्रांडिंग के लिए भी महत्त्वपूर्ण होगा।

अगर आप फ्रेशर हैं या नयी नौकरी ढूंढ रहे हैं तो सबसे पहले अपनी ऑनलाइन ब्रांडिंग पर ध्यान दें। ऑनलाइन प्लेटफ़ॉर्म पर अपनी प्रोफाइल को हमेशा अपडेट रखें, वहाँ अपनी उपलब्धियों को प्रस्तुत करें। समय-समय पर अपने कार्यक्षेत्र एवं जीवन मूल्यों से जुड़े कंटेन्ट या पोस्ट शेयर करते रहें। जब आप इंटरव्यू के लिए बुलाये जाते हैं तो आपको न सिर्फ़ प्रेजेंटेबल दिखना है बल्कि समय पर पहुँचना भी है। उस कंपनी की पूरी जानकारी, अपने रोल की जानकारी आपके पास होनी चाहिए, जिससे आपकी छवि इंटरव्यू लेने वाले के मन में अंकित हो जाए।

यदि आप कहीं जॉब कर रहे हैं तो कुछ और काम कर सकते हैं जो, आपकी पर्सनल ब्रांडिंग को मज़बूत करने में मददगार होगी:

- **ड्रेसिंग एवं ग्रूमिंग :** कपड़ों का महत्त्व सिर्फ़ इंटरव्यू तक ही नहीं रहता। आप ऑफिस में हर रोज कैसे आते हैं, आपकी छवि उस से भी बनती है।

- **मौक़ों को हाँ कहें :** जब भी आपके कार्यक्षेत्र से जुड़े नये प्रोजेक्ट आयें तो उनको हाँ कहें। हम कई बार अधिक काम या दबाव देखकर मौक़े को ना कहते हैं। पहली नौकरी में मेरा सबसे पहला प्रोजेक्ट ग्राउन्ड इवेंट करना था। जब मुझे एक नया प्रॉडक्ट लॉन्च के लिए टीम का हिस्सा बनने का मौक़ा मिला, मैंने तुरंत उसे स्वीकार कर लिया। यह काम मेरे वर्तमान काम के अतिरिक्त था। इस प्रोजेक्ट में मैंने न सिर्फ़ मार्केटिंग के अन्य पक्षों, जैसे एड डिजाइन, प्रॉडक्ट प्लानिंग इत्यादि के बारे में सीखा बल्कि एडिटोरियल और कंटेंट को भी करीब से समझा।

  अगर आप ऐसे मौक़ों को हाँ करके उनसे जुडते हैं तो आपकी एक सकारात्मक छवि बनेगी एवं भविष्य में भी आपको एक योग्य रिसोर्स के रूप में देखा जाएगा। मुझे इस प्रॉडक्ट लॉन्च के बाद इवेंट से निकालकर मार्केटिंग टाई-अप के प्रोजेक्ट में डाला गया, जिससे मेरी निगोशीऐशन करने, विभिन्न टीमों के साथ काम करने, प्रेजेंटेशन स्किल और अधिक विकसित हुई। यदि मैं प्रॉडक्ट लॉन्च में न जुड़ता तो न मैं नयी चीज़ें सीखता, न मेरी क्षमताओं से मैनेजमेंट वाक़िफ़ होता और न मुझे अगला प्रमोशन और प्रोजेक्ट मिलता। मेरी इस आदत की वजह से मैं लगभग हर कंपनी में नये प्रोजेक्ट के लिए मैनेजमेंट की पसंद रहा। मेरी पर्सनल ब्रांडिंग नये प्रोजेक्ट्स को उत्साह और सूझ-बूझ से पूरा करने की बनी।

- **वक्ता बनिए :** अगर आपको किसी कान्फ्रेंस में बोलने का मौक़ा मिले तो अवश्य जाइये। चाहे कंपनी की इंटर्नल मीटिंग हो या इंडस्ट्री की कान्फ्रेंस, वक्ता के तौर पर आपके विचारों और खूबियों को एक साथ अनेक लोग पहचानेंगे। अपनी कंपनी के साथ-साथ धीरे-धीरे इंडस्ट्री

में भी आपकी पहचान बनेगी। अगर आप अपनी कंपनी की तरफ से कान्फ्रेंस में बोल रहे हैं तो अपने आपको कंपनी के ब्रांड एम्बेसडर की तरह स्वयं को स्थापित कर सकेंगे।

- **मीटिंग का हिस्सा बनें :** जब भी किसी मीटिंग में हों तो सिर्फ़ सुनें नहीं, सक्रिय हिस्सा लें। इनपुट देने का प्रयास करें, यदि कोई प्रश्न हो तो अवश्य उठाएं। इससे आपकी छवि एक सजग कर्मचारी की बनेगी। ध्यान रखें, सिर्फ़ बोलने के लिए न बोलें, वरना उलटा भी पड़ सकता है। जब बात करें तथ्यों के साथ करें।

- **नेटवर्किंग :** पर्सनल ब्रांडिंग के लिए बहुत ज़रूरी है कि अपने ऑफिस में टीम से बाहर भी नेटवर्किंग करें। अभिनव के बारे में बात हो चुकी है, वह फ़ाइनेंस का था लेकिन एचआर हो या मार्केटिंग, सभी के साथ संपर्क रखता था। ऑफिस में नेटवर्किंग के लिए आप ऑफिस की इन्टर-टीम गतिविधियों में भाग ले सकते हैं या दूसरी टीम के लोगों के साथ लंच कर सकते हैं।

- **ऑनलाइन इन्फ्लुएंसर :** वर्चुअल दुनिया में कई प्लेटफ़ॉर्म हैं, जहाँ प्रोफेशनल दुनिया के लोग अपने विचार रखते हैं, सवाल पूछते हैं, विभिन्न विषयों पर चर्चा करते हैं। इन प्लेटफ़ॉर्म पर आपकी उपस्थिति बाहरी दुनिया में पर्सनल ब्रांड बनाने के लिए बहुत महत्त्वपूर्ण है। अपने लेखों के अलावा इन चर्चाओं में आप कॉमेंट के ज़रिए हिस्सा ले सकते हैं, अपने विषय क्षेत्र से जुड़े सवालों के जवाब दे सकते हैं। इंडस्ट्री के बड़े लोगों के लेखों पर तथ्यपरक विचार रख सकते हैं। धीरे-धीरे आप अपने विषय के विशेषज्ञ के रूप में जाने जानें लगेंगे और एक प्रोफेशनल इन्फ्लुएंसर के तौर पर स्थापित हो जाएंगे। Linkedin, Quora, Medium जैसे कुछ प्लेटफॉर्म इन दिनों काफी प्रचलित हैं।

- **लगातार सीखते रहें :** तेज़ी से बदलती दुनिया में लगातार ख़ुद को अपडेट करते रहें, नयी स्किल सीखते रहें। अंशुमन मिश्र एक मल्टीनेशनल कंपनी की डिजिटल मार्केटिंग टीम का हिस्सा है। उसने आर्टिफ़िशियल इन्टेलिजेन्स को सीखा और उसका इस्तेमाल कंपनी के कैटलॉग और वेबसाईट को बेहतर बनाने में किया। साथ ही अलग-अलग टीम के रूटीन काम को आसान बनाने के लिए AI के मॉड्यूल बना दिये। परिणामस्वरूप जूनियर होने के बावजूद सीनियर मैनेजमेंट उसे पहचानता है। अंशुमन से 6 महीने पहले जब मेरी बात हुई तो पता चला उसकी योग्यता ने उसे ग्लोबल डिजिटल मार्केटिंग टीम का हिस्सा बना दिया है।

पर्सनल ब्रांड बनाना एक दिन का काम नहीं है। यह लगातार किया जाने वाला काम है, जिसमें पूरी ईमानदारी बरतने की आवश्यकता है। आप अपना ब्रांड बनाएं, क्योंकि ब्रांड की कीमत होती है। आप ब्रांड हैं तो बार्गेन करने की स्थिति में होंगे, नहीं हैं तो दूसरों की शर्तों पर राजी रहना पड़ेगा। पर्सनल ब्रांडिंग करने में नेटवर्किंग का भी महत्व हैं जिसके बारे में हम अगले चैप्टर में बात करेंगे।

सूत्र 5

ब्रांड बनिए,
लोग ब्रांड को पहचानते हैं प्रोडक्ट को नहीं।

अध्याय
6

नेटवर्किंग एंड इमेज़ बिल्डिंग

नेटवर्किंग

इमेज़ बिल्डिंग

कंटेंट से बनाएँ पहचान

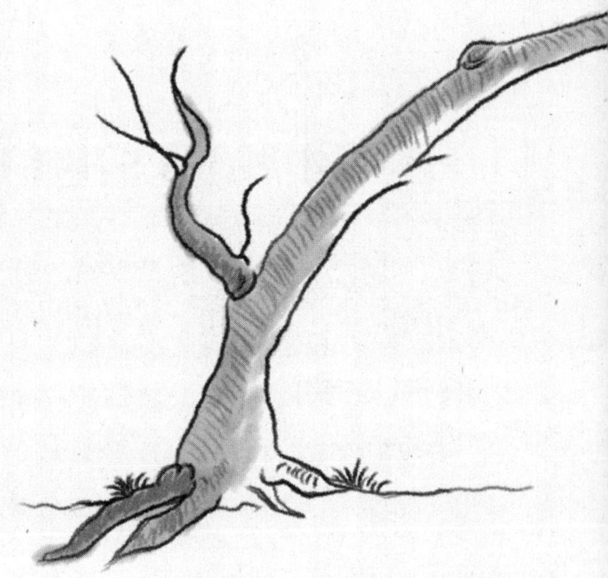

**Your NETWORK
is your NET WORTH**

- Porter Gale

समय के साथ काम के पुराने तरीक़े बदलते हैं और जॉब मार्केट भी इससे अछूता नहीं रहता। पहले अख़बार में खाली पदों के लिए विज्ञापन निकलता था। सन् 1995 के बाद नौकरी के विज्ञापन ऑनलाइन भी आने लगे। संजीव भिखाचंदानी ने naukri.com की स्थापना करके जॉब सर्च की दुनिया में क्रांति कर दी थी। लोग अप्लाई करते, बुलावा आता, इंटरव्यू देते। समय और बदला, अब सिर्फ़ विज्ञापन और ऑनलाइन नौकरी ढूँढना काफी नहीं है। नौकरी ढूँढने और नौकरी देने के तरीक़ों में कई बदलाव आये हैं।

इन दिनों बहुत सी कंपनियाँ विज्ञापन से पहले उस वेकेंसी को अपनी कंपनी के कर्मचारियों के बीच प्रचारित करती है और उनसे रेफ्रेंस माँगती हैं। कई बार एचआर का काम रेफ्रेंस से ही पूरा हो जाता है और वेकेंसी की ख़बर बाहर आती ही नहीं। ऐसे में नौकरी ढूँढने वाले लोग क्या करें? यहाँ पर नेटवर्किंग काम आती है। आपको कंपनी के रोल के बारे में भीतरी जानकारी मिलती है, साथ ही एचआर दो समान योग्य कैंडिडेट होने की स्थिति में अपने कर्मचारी के रेफ्रेंस को प्राथमिकता देती है। यदि नौकरी का विज्ञापन भी निकला है तो उस स्थिति में रेफ्रेंस वाले कैंडिडेट को इंटरव्यू में बुलाये जाने की संभावना बढ़ जाती है।

हमेशा रेफ्रेंस ठीक ही मिले यह भी ज़रूरी नहीं इसलिए एचआर ख़ुद भी लगातार अच्छे और योग्य प्रत्याशियों को ऑनलाइन ढूँढता रहता है और इंटरव्यू में बुलाने से पहले (बाद में भी) उनकी ऑनलाइन छानबीन करवाता है। यदि ऑनलाइन कुछ गड़बड़ मिला तो अच्छे रिज़्यूमे, अच्छे अनुभव के बावजूद उसे इंटरव्यू में नहीं बुलाया जाता। यानी कि अब योग्यता ही काफी नहीं, अपनी ऑनलाइन इमेज़ बनाना महत्त्वपूर्ण है। इस चैप्टर में हम संक्षेप में इन्हीं दोनों मुद्दों पर बात करेंगे।

नेटवर्किंग

अब तक आपने यह समझ लिया होगा कि अब रेफ्रेंस नौकरी पाने के लिए महत्त्वपूर्ण हो रहा है और रेफ्रेंस के लिए नेटवर्किंग ज़रूरी कौशल है। नेटवर्किंग कैसे करें? पुराने ज़माने में नेटवर्किंग कैसे होती थी? लोग किसी एक जगह पर इकट्ठे होते थे, एक दूसरे से मिलते थे, परिचय होता था और कुछ लोगों के रिश्ते वहीं से बन जाते थे। यही अब भी करना है। नेटवर्किंग के लिए उन जगहों पर मौजूद होना है, जहाँ आपकी टारगेट ऑडियंस है। इन दिनों आपको हर जगह सशरीर पहुँचने की ज़रूरत नहीं, काफी कुछ ऑनलाइन हो चुका है। संक्षेप में नेटवर्किंग ऑनलाइन एवं ऑफलाइन दोनों ही तरीक़ों से होती है।

सबसे पहले हम ऑफलाइन तरीक़े पर बात करते हैं। मुझे अब भी बहुत अच्छी तरह से याद है कि मेरी पहली नौकरी के दौरान मेरे बॉस मुझे एक कॉन्क्लेव में ले गए थे। एडवरटाइजिंग इंडस्ट्री की ख़बरों से जुड़ी वेबसाइट Exchange4Media यह कॉन्क्लेव करवाती थी। मुझे नौकरी करते हुए 6-7 महीने ही हुए थे। मैं जब इवेंट में पहुँचा तो वहाँ मीडिया इंडस्ट्री के बहुत से बड़े नाम मौजूद थे जैसे पीयूष पांडे, राजदीप सरदेसाई, रजत शर्मा, प्रसून जोशी इत्यादि। ये तो वो नाम थे जिन्हें पब्लिक पहचानती है लेकिन मैं ऐसे ढेरों लोगों से मिला जो पब्लिक फिगर नहीं थे लेकिन अपनी कंपनी में या

इंडस्ट्री में बहुत बड़े नाम थे। उनको सुनना, उनसे मिलना काफी कुछ सिखाने वाला था।

यह जिस तरह का इवेंट था ऐसे इवेंट्स हर इंडस्ट्री में होते हैं, जहाँ उस इंडस्ट्री से जुड़े लोग जाते हैं। टॉप मैनेजमेंट प्रायः वक्ता के तौर पर और मिडल एवं जूनियर मैनेजमेंट श्रोता के तौर पर। ये इवेंट सेमिनार, कॉन्फ्रेंस, एक्सपो और फ़ेयर के रूप में होते हैं। इन इवेंट्स को कभी सरकार, कभी प्राइवेट प्लेयर तो कभी उस इंडस्ट्री से जुड़ी कोई मैगज़ीन या वेबसाइट करवाती है। Exchange4Media एडवरटाइजिंग से जुड़े इवेंट करती है, शिक्षा जगत से जुड़ा World Didac होता है, इलेक्ट्रॉनिक्स इंडस्ट्री से जुड़े कई कॉन्फ्रेंस Electronics for You मैगज़ीन करवाती है।

यह सभी इवेंट अपनी इंडस्ट्री के नये ट्रेंड को जानने के साथ-साथ नेटवर्किंग के लिए महत्त्वपूर्ण जगह है। आप जिस भी इंडस्ट्री में काम करते हैं उस इंडस्ट्री से जुड़े इवेंट्स का पता लगाइए और उनमें जाइए। कुछ इवेंट फ्री एंट्री वाले होते हैं तो कुछ में एंट्री फीस होती है। कोशिश करें कि आपकी कंपनी ही आपको भेज दे, अगर न भी भेजे तो नेटवर्किंग और सीखने के लिए थोड़ी फीस चुकाना कोई महँगा सौदा नहीं।

इन ऑफलाइन इवेंट्स में जाने से आपको इंडस्ट्री के अनुभवी लोगों को सुनकर सीखने का मौक़ा मिलेगा। आप इंडस्ट्री के ट्रेंड्स के बारे में जानेंगे और विभिन्न कंपनियों के लोगों से भी परिचय होगा। लोगों से बात करें, उनके काम को समझें, अपने बारे में बताएँ, विजिटिंग कार्ड एक्सचेंज करें। बस ध्यान रखें कि पहली ही मुलाकात में नौकरी की बात न करें। चाहें तो उनके काम और कंपनी के बारे में सकारात्मक बात बोलें, जिससे कि उन्हें याद रहे और भविष्य में कभी भी बात करने पर वह आपको सकारात्मक रूप में याद रखें।

इंडस्ट्री के जिस इवेंट में आप जाकर आये हैं वहाँ पर अगर कुछ अच्छा सुना है तो उसके बारे में लिखिए। उसमें अपने विचारों को जोड़िए। अगर किसी वक्ता को कोट करते हैं तो उसे और उसकी कंपनी को टैग कीजिए। आपकी नौकरी की संभावना प्रतिद्वंदी कंपनी में ही सबसे अधिक होगी लेकिन अगर वक्ता उस कंपनी का है तो लिखते हुए शब्दों के चयन में सावधानी बरतें क्योंकि इससे आपका मैनेजर ख़फ़ा हो सकता है। ये मामला किशोरावस्था के उस इश्क जैसा है, जहाँ 'तू मेरा प्यार है' यह सामने वाले को बताना है और घरवालों से छुपाना भी है।

इवेंट तो कम होंगे और हर बार जाना संभव नहीं। ऐसा भी नहीं कि हर इवेंट में इंडस्ट्री का हर वह आदमी पहुँचे जिससे आप मिलना चाहते हों इसलिए लोगों को वहाँ खोजिए जहाँ वो रोज मौजूद हैं, और यह जगह है ऑनलाइन प्रोफेशनल प्लेटफार्म।

प्रोफेशनल दुनिया में ऑनलाइन नेटवर्किंग के लिए इन दिनों लिंक्डइन से बेहतर कोई प्लेटफार्म नहीं है। लिंक्डइन पर अपनी इंडस्ट्री, प्रोफाइल से जुड़े लोगों से संपर्क बनाइए। लिंक्डइन पर हर कैंडिडेट प्रायः बड़े पदों पर बैठे लोगों को ही कनेक्शन रिक्वेस्ट भेजता है। क्योंकि उन्हें लगता है कि नौकरी तो वही दिला पाएंगे। बड़े पदों पर बैठे लोग भी यह जानते हैं इसलिए कई बार वो एक ग्रेड से नीचे किसी का रिक्वेस्ट स्वीकार ही नहीं करते। अगर कोई सीनियर आदमी आपका रिक्वेस्ट न स्वीकार करे तो आप उसे फॉलो करने का ऑप्शन चुनें, जिससे उनके अपडेट आपको मिलते रहें। अपने समकक्ष लोगों और मिडिल मैनेजमेंट के लोगों से संपर्क बनाएँ क्योंकि आप जिस पोजीशन पर बैठे हैं, वहाँ यह वर्ग आपसे आसानी से बात करेगा और रेफ्रेंस देने में भी मदद करेगा।

लिंक्डइन पर इंडस्ट्री या प्रोफाइल विशेष के बहुत से ग्रुप बने हुए हैं, जैसे चार्टर्ड अकाउंटेंट ग्रुप, सॉफ्टवेयर इंजीनियर ग्रुप, मार्केटिंग ग्रुप या रिटेल इंडस्ट्री ग्रुप, मीडिया इंडस्ट्री ग्रुप, बैंकिंग ग्रुप इत्यादि। आप अपनी इंडस्ट्री

और प्रोफाइल से जुड़े ग्रुप जॉइन करिए। यहाँ आपको बहुत से लोग मिलेंगे, साथ ही इंडस्ट्री की जानकारी भी आपको मिलती रहेगी।

आपके मोहल्ले में बहुत से घर हैं लेकिन आप जानते किनको हैं? उन्हीं को जो अक्सर मिलते हैं, बात करते हैं, सक्रिय रहते हैं। बस ऐसा ही लिंक्डइन पर है। यहाँ सिर्फ़ कनेक्शन रिक्वेस्ट भेजना काफी नहीं है। आपको अपनी इमेज़ बिल्डिंग और नेटवर्किंग के लिए सजग होना होगा। आप पोस्ट लिखें, लोगों के पोस्ट पर संक्षिप्त एवं तथ्यपूर्ण कमेंट करें। कमेंट करने से आप पोस्ट करने वाले के साथ-साथ अन्य लोगों की नज़र में भी आते हैं। कोशिश करें कि आपका कमेंट ऐसा हो कि उस पर चर्चा हो सके। लोग आपको जवाब लिखें। यदि आप उनसे असहमत हैं तो पॉइंट्स बनाकर उस पर लिखें। यही रणनीति आप सीनियर मैनेजमेंट के लोगों के साथ भी अपनाएं। उनकी पोस्ट पर अपने विचार कमेन्ट सेक्शन में लिखें।

ध्यान रखें कि कमेन्ट करना दुधारी तलवार है। आपके कमेन्ट यदि तथ्यपूर्ण या तर्कपूर्ण नहीं हुए तो आप अपना नुकसान करेंगे इसलिए कमेन्ट सोच-समझकर करें।

इमेज़ बिल्डिंग

इंडस्ट्री में हर व्यक्ति नेटवर्किंग कर रहा है तो आप को तवज्जो क्यों मिले? जवाब सरल है- क्योंकि आप में कुछ विशेष गुण हैं, स्किल हैं, चीज़ों की समझ है। आपको अपने गुणों का प्रदर्शन करना है। यह प्रदर्शन 2 तरीक़े से होगा। पहला आपकी प्रोफाइल से और दूसरा आपके कंटेंट से, जो आप ऑनलाइन लिखेंगे।

लिंक्डइन पर आपकी प्रोफाइल अच्छी बनी होनी चाहिए। लिंक्डइन पर प्रोफाइल हैडलाइन ध्यान से लिखें, क्योंकि वही सबसे पहले किसी को दिखता है। इस हैडलाइन में संक्षेप में आपके प्रोफेशन और स्किलसेट के बारे में जानकारी मिल जानी चाहिए। लिंक्डइन आपसे आपके वर्क-एक्सपीरियंस

के बारे में पूछता है। बहुत से लोग इस हिस्से को खाली छोड़ देते हैं या पूरी जानकारी नहीं देते। अब जब लिंक्डइन एचआर के लिए भी कैंडिडेट सर्च के लिए ज़रूरी प्लेटफार्म हो चुका है तो यहाँ पर आपकी प्रोफाइल और अनुभव का पूरा लिखा होना ज़रूरी है। इस वर्क-एक्सपीरिएंस में आप रिज्यूमे की तरह ही अपनी हर नौकरी, पद और वहाँ पर प्रोफाइल के प्रमुख बिंदु लिखें। बहुत से एचआर मैनेजर आपका लिंक्डइन प्रोफाइल ही डाउनलोड करते हैं इसलिए यह प्रोफाइल अपडेट करते रहें।

अब बात करें कंटेंट की। हमने ऊपर लिंक्डइन में तर्कपूर्ण कमेन्ट लिखने के बारे में चर्चा की लेकिन सिर्फ़ कमेंट में अपने विचार लिखना पर्याप्त नहीं क्योंकि आप किसी के लिखे पर प्रतिक्रिया दे रहे हैं। आपको अपने विचारों को भी लिखना चाहिए। जब सब लिख रहे हैं तो आप अलग क्या करेंगे? क्या लिखें, आपके विचार क्या हों, जिसे पढ़कर लोग आपके बारे में कोई धारणा बनाएं?

हम सब धीरे-धीरे सीखते हैं। हड़बड़ी न करें। शुरुआत आप अपने काम, अपनी कंपनी, उसके कल्चर या नये प्रॉडक्ट लांच इत्यादि के बारे में लिखने से कर सकते हैं। ऐसा करने से आप प्लेटफार्म से परिचित होंगे, उसके फीचर समझेंगे, किस तरह के लोग किस तरह के पोस्ट पर क्या रिएक्शन देते हैं, यह सब जान पाएंगे।

धीरे-धीरे क़दम बढ़ाएँ, यदि कोई प्रोजेक्ट आपने सफलतापूर्वक किया है तो उसके बारे में लिंक्डइन पर लिखिए। अगर इवेंट की तस्वीरें हैं तो डालिए। एक कहावत थी- *नेकी कर, फेसबुक पर डाल।* प्रोफेशनल दुनिया की कहावत है- *प्रोजेक्ट कर, लिंक्डइन पर ज्ञान डाल।* ध्यान रहे, जो आप लिख रहे हैं, उसमें कंपनी की कोई गोपनीय जानकारी बाहर न निकले।

जब आप यह सब कर लें, प्लेटफार्म से परिचित हो जाएं तो लिंक्डइन पर आपको अपने विषय, काम और इंडस्ट्री से जुड़े तथ्यपरक लेख लिखने

चाहिए। कोशिश करें कि यह लेख ऐसा हो जिसमें इंटरेक्शन की संभावना हो, लोग उस पर अपने विचार लिखें। कुछ लोगों को आप टैग करके विचार लिखने के लिए आमंत्रित भी कर सकते हैं। ध्यान रखें कि अगर कोई 1-2 बार टैग करने पर जवाब नहीं दे रहा तो उसे फिर टैग न करें।

लिंक्डइन ने इन दिनों इंगेजमेंट बढ़ाने के लिए एक नया काम शुरू किया है। वह किसी विषय पर प्रश्न डालता है और उस पर लोगों को अपने विचार लिखने के लिए आमंत्रित करता है। आप इन प्रश्नों पर अपने जवाब लिख सकते हैं। आप अपने आर्टिकल को उन इंडस्ट्री या प्रोफाइल वाले ग्रुप में भी डालें जिनकी बात हमने ऊपर की।

लिंक्डइन प्रोफेशनल दुनिया का सबसे बड़ा प्लेटफार्म है मगर आपको कुछ अन्य प्लेटफार्म पर भी मौजूद होना चाहिए। इन प्लेटफार्म पर नेटवर्किंग नहीं होगी लेकिन आप अपने विचारों को लिखकर अपनी ब्रांडिंग कर सकते हैं। अगर कोई आपको गूगल करता है या उस विषय को गूगल करता है तो आप इन प्लेटफार्म पर नज़र आएंगे। आइए जानते हैं कि अपने लेख कहाँ पब्लिश करें।

कुछ फ्री प्लेटफार्म हैं जिनकी प्रतिष्ठा बहुत है और यह सर्च में भी आते हैं। **medium.com** एक ऐसी ही वेबसाइट है, जहाँ विभिन्न विषयों पर अच्छे लेख मिलते हैं। यह गूगल सर्च में भी आता है। **slideshare.net** पर आपको विभिन्न विषयों पर लोगों की प्रेज़ेंटेशन मिल जाएगी। **Reddit** अब पुराना हो चला है लेकिन ब्लॉगिंग वालों और SEO वालों की पसंद आज भी ये वेबसाइट है। एक और वेबसाइट है **quora.com,** जहाँ लोग अपने सवाल पूछते हैं। आप कोरा पर अपनी विशेषज्ञता से जुड़े प्रश्नों पर जवाब दे सकते हैं।

मेरे ध्यान में भारत में यही कुछ वेबसाइट प्रचलित हैं लेकिन इसके अलावा और भी कई वेबसाइट होंगी, जिन्हें आप ढूँढ सकते हैं। मैं आपको पुनः आगाह कर दूँ कि ये लेख जादू की छड़ी नहीं, जो तुरंत चमत्कार करेंगे।

यह आपका अपनी ब्रांडिंग के लिए किया गया इन्वेस्टमेंट है, जो समय आने पर फलेगा।

सब कुछ आसान लग रहा है? हाँ ये आसान है लेकिन आप जब भी सोशल प्लेटफार्म या इन्टरनेट पर कुछ भी डालते हैं तो वह हमेशा के लिए रह जाता है। आपकी ब्रांडिंग यह कंटेंट कर भी सकता है और बिगाड़ भी सकता है। इसलिए इन प्लेटफॉर्म्स को गंभीरता से इस्तेमाल करें। ध्यान रखें, यदि कोई आपको सर्च करे तो उसे जो भी मिले वह आपकी अच्छी इमेज़ बिल्डिंग ही करे। अगर ध्यान न रखा गया तो कंटेंट लेखन के जरिये की गयी ऑनलाइन ब्रांड बिल्डिंग दुधारी तलवार हो सकती है। कैसे, यह बताने से पहले मैं आपको एक प्राचीन कथा सुनाता हूँ।

राजकुमारी विद्योत्तमा को अपनी विद्वत्ता का बड़ा अभिमान था। उसने अपने स्वयंवर के लिए शर्त रखी कि जो उसे शास्त्रार्थ में पराजित करेगा, वह उसी का वरण करेगी। कई पंडित, विद्वान आए किंतु वे उसे पराजित न कर सके। कुछ पंडितों ने हार का प्रतिकार लेने का निश्चय किया। उन्होंने वन में विचरण करते हुए एक नवयुवक को देखा। वह जिस शाख पर बैठा था, उसी को काट रहा था। उसका का नाम कालिदास था। पंडितों ने कालिदास को अनेक प्रलोभन देकर स्वयंवर प्रतियोगिता के लिए उचित अभ्यास कराया और उसे राजदरबार में ले गये। कालिदास की तरफ से शर्त रखी गई कि यह प्रतियोगिता मूक व सांकेतिक होगी। इसमें अंततः विद्योत्तमा को पराजय स्वीकार करनी पड़ी और उसने कालिदास से विवाह कर लिया। विद्योत्तमा अपने कक्ष में बैठी थी। बाहर से किसी तेज़ आवाज़ को सुनकर उसने कक्ष के बाहर खड़े कालिदास से पूछा, 'किम वदति? कालिदास ने उत्तर दिया, 'उट्र वदति।' उष्ट्र (ऊंट) के स्थान पर उट्र सुनकर विद्योत्तमा को आभास हुआ कि छलपूर्वक एक मूर्ख संग उसका विवाह कराया गया है। उसने कालिदास को घर से बाहर निकाल दिया।

हमें कालिदास वाली गलती अपने कंटेंट में नहीं करनी है। इस चैप्टर में लेख लिखने की सलाह है लेकिन लेख की क्वालिटी और भाषा अच्छी होनी चाहिए। जहाँ उष्ट्र हो वहाँ उट्र न लिखें। अगर कंटेंट क्रिएशन में ऐसी गलती हो तो आपका लिखा फ़ायदे की जगह नुकसान कर सकता है। इसलिए हर पोस्ट को करने से पहले ध्यान से पढ़ें। अपनी रिटेन कम्युनिकेशन स्किल को बेहतर करें। उसे बेहतर करने के तरीक़े पर हम आगे के चैप्टर में बात करेंगे।

अगर गलती हो जाए तो घबराएँ नहीं। गलती सुधारें और कालिदास से सीखें। जब विद्योत्तमा ने कालिदास को घर से निकाल दिया तो उनके ज्ञान चक्षु खुले। उन्होंने अनेक स्थानों का भ्रमण किया तथा वेद-शास्त्रों का गहन अध्ययन करके विद्वत्ता प्राप्त की। कालिदास ने विचार किया अब घर जाना चाहिए। दरवाजे पर पहुँचकर कालिदास ने आवाज़ दी- सुंदरि:! अनावृत्त कपाटम् द्वारं देहि! कपाटम् उद्घाट्य (हे रूपसि! दरवाजा खोलिए)। यह सुनकर विद्योत्तमा ने कहा, 'अस्ति कश्चिद् वाग्विशेषः'(वाणी में कुछ विशेष है, कोई विद्वान लगता है)। कालिदास को सामने पाकर वह दंग रह गईं। कालिदास ने अभिज्ञान शाकुंतलम्, मेघदूतम, विक्रमोर्वशीयम, कुमारसंभवम, ऋतुसंहार, मालविकाग्निमित्रं आदि अनेक रचनाएं कीं, जो विश्व प्रसिद्ध हुईं। न विद्योत्तमा घर से निकालती, न कालिदास विद्वान बनते।

कालिदास की तरह एक्सपोज़र लीजिए, भ्रमण करिए, सुनिए, पढ़िए और सीखिए।

सूत्र 6 लोग आपको क्या समझते हैं और क्या समझेंगे, यह इसपर निर्भर करता है कि आप ख़ुद को कैसे प्रस्तुत करते हैं।

अध्याय
7

रिज़्यूमे और सीवी

रिज़्यूमे और सीवी का फर्क़

रिज़्यूमे को कैसे दिखाएं अलग?

यह ग़लती कभी न करें

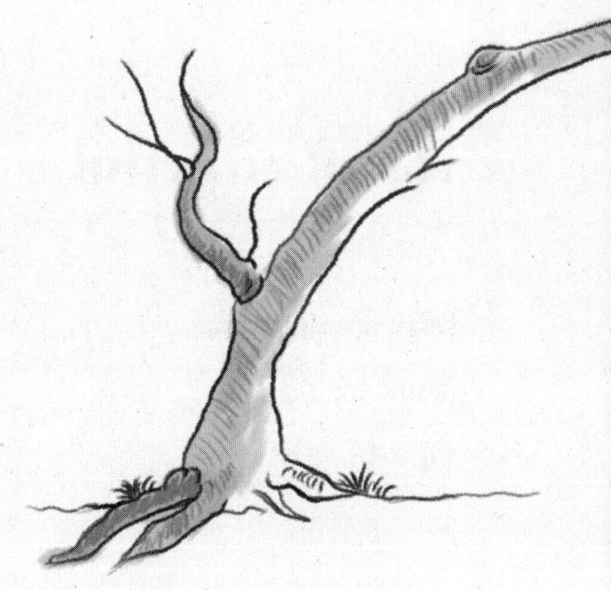

GREAT THINGS
are done by a series of
SMALL THINGS
brought together

— Vincent Van Gogh

हमारे घर में अक्सर अख़बार में कितने पैम्फलेट आते हैं, क्या हम सारे उठाकर देखते हैं? नहीं, हम सिर्फ़ उन्हीं पैम्फलेट को देखते हैं, जिसमें हमारी रुचि की कोई चीज़ पहली नज़र में दिख जाए या फिर अतिरिक्त आकर्षक हो। अन्यथा हम उन्हें निकालकर किनारे रख देते हैं।

बिल्कुल ऐसा ही एचआर के ऑफिस में होता है। एक पद के लिए उन्हें ढेरों आवेदन मिलते हैं लेकिन वो बुलाते उन्हीं को हैं, जिनके रिज्यूमे में उनकी रुचि की कोई चीज़ होती है, जिस रिज्यूमे का फॉर्मेट ठीक होता है।

रिज्यूमे किसी भी नौकरी में आवेदन के लिए सबसे महत्त्वपूर्ण दस्तावेज है। यह आपकी अनुपस्थिति में आपके बारे में इम्प्लॉयर को बतायेगा कि क्यों आपको इस इंटरव्यू में बुलाना चाहिए। संक्षेप में कहें तो रिज्यूमे आपका मार्केटिंग डॉक्यूमेंट या मार्केटिंग पैम्फलेट है। और अगर यह आपका मार्केटिंग पैमप्लेट है तो ध्यान रखना होगा कि जिसके हाथ में जाए, वह इसे ध्यान से देखे न कि बिना देखे कूड़ेदान में डाल दे।

एक सत्य घटना सुनाता हूँ। हम लोग अपने ईमेलर हमेशा बने बनाये टेम्पलेट में भेजते थे, जो कई बार हमारी नयी ज़रूरतों के हिसाब से ठीक नहीं बनता था। मुझे अपनी टीम में एक ऐसे व्यक्ति की ज़रूरत थी जो न सिर्फ़

डिजिटल मार्केटिंग के साथ कोडिंग भी समझता हो ताकि ज़रूरत पड़ने पर ईमेलर को स्वयं डिजाइन कर सके। मुझे जो कोडिंग जानने वाले मिले वो डिजिटल मार्केटिंग नहीं जानते थे, जो डिजिटल मार्केटिंग जानने वाले मिले वो कोडिंग नहीं जानते थे। मैंने ख़ुद सोशल मीडिया और ग्रुप्स में वेकेंसी की सूचना डाल दी। जगह-जगह से बहुत सारे रिज्यूमे आने लगे लेकिन समस्या वही पहले-सी थी। मैंने सारे रिज्यूमे टीम की एक इन्टर्न को देकर कहा कि जिस भी रिज्यूमे में कोडिंग और डिजिटल मार्केटिंग दोनों हो उन सबको इंटरव्यू के लिए बुला लो। उसने ऐसा ही किया। हमें तीन कैन्डिडेट मिले।

जब मैं इंटरव्यू करने बैठा तो देखा एक रिज्यूमे में कैन्डिडेट ने अपने परिचय में लिखा है- Pure Delhiite. ये कैसा परिचय है, इस शब्द का क्या अर्थ है, क्या ज़रूरत है इस शब्द की, रिज्यूमे में? मुझे कोई दिल्ली का टुरिस्ट गाइड थोड़ी चाहिए कि Pure Delhiite रखूँ? इंटर्न ने सिर्फ़ कोडिंग और डिजिटल मार्केटिंग के आधार पर उसे इंटरव्यू की कॉल कर दी थी। मैंने रिज्यूमे पहले देखा होता तो उसे नहीं बुलाता लेकिन अब चूंकि कैन्डिडेट आ चुका था तो इंटरव्यू लेना ही था। मैं मन ही मन तय कर चुका था कि इंटरव्यू में इसे रिजेक्ट करना है।

जानते हैं आगे क्या हुआ? जब वह आया तो अपना नया रिज्यूमे लाया था और इस रिज्यूमे में Pure Delhiite वाली लाइन तो गायब थी ही, साथ ही रिज्यूमे का फॉर्मेट भी काफी प्रोफेशनल था। यह देखकर उसके प्रति मेरी नकारात्मकता कुछ कम हुई। उस लड़के ने इंटरव्यू में बहुत अच्छा किया और उसका सेलेक्शन हो गया।

यह सिर्फ़ क़िस्मत की बात थी कि उस लड़के को इन्टर्न की गलती से बुला लिया गया था, अन्यथा उस लड़के को सिर्फ़ रिज्यूमे में लिखे उस एक अजीब से शब्द की वजह से इंटरव्यू के लिए कॉल नहीं जाती और वह योग्य होने के बावजूद इस जॉब से वंचित रह जाता। इस पूरे मामले में सीखने वाली एक बात और है कि जब वह मेरे सामने आया तो अपनी गलती सुधारकर आया,

वरना मैं संभवतः उससे बाकी सवाल भी न पूछता। उसके रिज्यूमे के नये फॉर्मेट ने भी उसकी अन्य योग्यताओं पर मेरा ध्यान आकर्षित किया, जिससे उसके प्रति मेरी रुचि पैदा हुई।

वर्षों तक इंटरव्यू के लिए रिज्यूमे देखते-छाँटते हुए कभी-कभी मुझे ऐसा लगता था जैसे कैंडिडेट ने रिज्यूमे की जगह खिचड़ी बना दिया है तो कभी रिज्यूमे आर्ट की तरह होता है, सब कुछ नपा तुला ज़रूरत के मुताबिक। इस युवक का ईमेल से आया रिज्यूमे खिचड़ी थी, जिसमें पानी नमक सब ज़्यादा था लेकिन बाद में वह इसे आर्ट की तरह बनाकर लाया। आखिर क्या होना चाहिए एक रिज्यूमे में, ताकि आपको इंटरव्यू के लिए कॉल आयें?

इससे पहले कि हम रिज्यूमे की बात करें, यह जान लेते हैं कि रिज्यूमे और सीवी में अंतर क्या है। क्योंकि कुछ जगहों पर आपसे सीवी माँगा जाता है तो कहीं रिज्यूमे। इन दोनों चीज़ों में पहला अंतर लंबाई का होता है। रिज्यूमे आपकी योग्यताओं और अनुभव का एक या दो पेज़ का संक्षिप्त डॉक्यूमेंट होता है वहीं सीवी बड़ा होता है।

करीकुलम वीटाई (Curriculum Vitae) का संक्षिप्त रूप है सीवी। यह लैटिन शब्द है जिसका अर्थ है 'जीवन का मार्ग' या कोर्स ऑफ़ लाइफ़। सीवी में शिक्षा और उपलब्धियों को विस्तार से बताया जाता है। सीवी क्रॉनोलॉजिकल होता है यानी आप सीवी में सिलसिलेवार तरीक़े से अपनी एजुकेशन और उपलब्धियों की पूरी कहानी लिख सकते हैं। सीवी में पेज़ की कोई सीमा नहीं होती। इसकी लंबाई व्यक्ति के अनुभव पर आधारित होती है और इसमें नौकरी या उद्देश्य के अनुसार बदलाव नहीं किये जाते। सीवी को प्रायः अकादमिक कार्यों से जुड़ी नौकरियों में माँगा जाता है या फ्रेशर से; क्योंकि फ्रेशर के पास काम का अनुभव नहीं होता।

रिज्यूमे फ्रेंच शब्द है। इसका मतलब है TO SUM-UP, इसलिए यह 1-2 पेज़ का एक छोटा डॉक्यूमेंट है। इसमें केवल बुनियादी जानकारियों

के बारे में बताया जाता है। सीवी के उलट रिज्यूमे पूरी तरह आपके वर्क एक्सपीरियंस, स्किल और नौकरी से संबंधित जानकारी पर आधारित होता है। रिज्यूमे को किसी विशिष्ट पद की ज़रूरतों और माँगों को ध्यान में रखते हुए तैयार किया जा सकता है।

अब यक्ष प्रश्न यह है कि रिज्यूमे में क्या हो कि वह नियोक्ता का ध्यान आकर्षित करे? क्या करिअर का सारांश सबसे पहले लिखा जाए, क्या हॉबी एवं वॉलन्टियर वर्क के बारे में लिखा जाए? रिज्यूमे बनाना खिचड़ी बनाने जैसा आसान नहीं कि झटपट हो गया। एक रिज्यूमे और एक फॉर्मेट हर जगह और हर किसी के लिए फिट नहीं हो सकता। अपने रिज्यूमे को अनुभव और नियोक्ता की ज़रूरत को समझकर बनाना चाहिए, उसे हर बार कस्टमाइज़ किया जाना चाहिए।

कस्टमाइज़ेशन से पहले किसी रिज्यूमे को बनाने का सामान्य फॉर्मेट समझते हैं। किसी रिज्यूमे या सीवी में आपका नाम, फोन नंबर, ईमेल अड्रेस और पता अवश्य होना चाहिए। ये सारी सूचनाएँ टॉप पर होनी चाहिए, जिससे नियोक्ता को आपसे संपर्क करने में सुविधा हो। इसके तुरंत बाद करिअर समरी, स्किलसेट को स्थान दिया जाना चाहिए। तत्पश्चात अपनी वर्तमान कंपनी से शुरू करते हुए पहली नौकरी तक का जिक्र करें।

हर कंपनी का नाम, वहाँ पर आपका पद, कब से कब तक वहाँ काम किया, वहाँ आपकी जॉब प्रोफाइल और आपकी उपलब्धियों का जिक्र होगा।

ईश्वा कंसल्टिंग की प्रिंसिपल कंसलटेंट एवं एचआर प्रोफेशनल देविका सेन का कहना है कि किसी भी पद के लिए कैंडिडेट की खोज उस पद से जुड़े स्किलसेट के आधार पर किया जाता है यानी कि यही स्किलसेट सर्च के लिए 'कीवर्ड' हुआ। आप जिन स्किलसेट के आधार पर नौकरी ढूंढ रहे हैं उसका जिक्र आपके रिज्यूमे में प्रमुखता से, अलग-अलग तरीक़े से, एक से अधिक बार होना चाहिए।

देविका के इस सुझाव के आधार पर मैं पुनः कहूँगा कि रिज्यूमे की शुरुआत में आपका करिअर समरी एवं प्रमुख स्किलसेट का जिक्र अवश्य होना चाहिए। जब आप अपने कार्य-अनुभवों के बारे में आगे लिखेंगे तो इन स्किलसेट का जिक्र उनमें पुनः हो पाएगा। उदाहरण के तौर पर यदि आपका किसी खास सॉफ्टवेयर पर काम करने का अनुभव है तो आप उसे वर्क एक्स्पीरीयन्स में लिखेंगे किन्तु यदि किसी कंपनी की खास माँग उसी सॉफ्टवेयर की है तो इसका जिक्र सिर्फ़ अनुभव में नहीं बल्कि शुरू में लिखे गए समरी और स्किलसेट में भी होना चाहिए।

देविका सेन का कहना है कि यदि आपने किसी प्रकार का सर्टिफिकेशन कोर्स किया हुआ है तो इन सभी का जिक्र भी प्रमुखता से किया जाना चाहिए। तकनीकी रोल में सर्टिफिकेशन कोर्स का बड़ा महत्त्व है, किन्तु अब जिस तरह से हर इंडस्ट्री तेज़ी से बदलाव देख रही है, सभी को अपनी प्रोफाइल के हिसाब से अपनी स्किल को बढ़ाने के लिए इस तरह के कोर्स करने चाहिए। यह कोर्स आपको सिर्फ़ नयी स्किल नहीं सिखाता बल्कि यह भी दर्शाता है कि आप लगातार सीखने में यकीन रखते हैं।

ये तो बात हुई उनकी जो अनुभवी हैं। वो क्या करें जो फ्रेशर हैं? देविका का कहना है कि यदि आपके पास अनुभव नहीं है तो आप अपने रिज्यूमे में सिर्फ़ ख़ुद के अर्जित ज्ञान और व्यक्तित्व को ही दर्शा सकते हैं, इसलिए फ्रेशर को भी डिग्री के अतिरिक्त कुछ संबंधित सर्टिफिकेशन कोर्स कर लेना चाहिए, जिससे कि आपके सीवी में नियोक्ता रुचि ले। यदि आप कॉलेज में किसी क्लब का हिस्सा रहे हैं, इवेंट्स में भाग लिया है, तो इस सब का जिक्र आपके सीवी में होना चाहिए, क्योंकि यह आपके उत्साही होने का प्रमाण है। साथ ही यह इंटरव्यू लेने वाले को भी सवाल पूछने के लिए अवसर देता है।

अब मैं तीसरी केटेगरी का जिक्र करना चाहूँगा, जो इंडस्ट्री बदलना चाहते हैं। आपको समझना होगा कि आपकी वर्तमान जॉब प्रोफाइल दूसरी इंडस्ट्री की ज़रूरत से मैच नहीं करेगी इसलिए आपका रिज्यूमे शॉर्टलिस्ट

नहीं होगा, और यहाँ आवश्यकता पड़ती है कस्टमाइजेशन की। क्या दूसरी इंडस्ट्री द्वारा मांगे जा रहे स्किलसेट आपके पास हैं? यदि हाँ, तो अपने रिज्यूमे की शुरुआत में करिअर समरी लिखते वक्त उन सभी स्किल्स का जिक्र करें और तुरंत बाद इन क्षेत्रों में प्राप्त की गयी उपलब्धियों को लिखें। इससे आपके अनुभव और दूसरी इंडस्ट्री की ज़रूरत के बीच एक कनेक्शन बैठता दिखेगा। ये उपलब्धियाँ आपके करिअर की खूबसूरत कहानी कहती हुई लगनीं चाहिए।

मैंने तीन बार इंडस्ट्री बदली। पहली बार मीडिया से रीटेल में। इस इंडस्ट्री की आवश्यकता थी एक ऐसे मार्केटिंग मैनेजर की, जो लोगों को अपने स्टोर पर आकर्षित करने के लिए स्कीम बनाए और उसे प्रचारित करे। अपनी पिछली कंपनी में मैंने अख़बार की रीडरशिप बढ़ाने के लिए ऐसा ही कुछ किया था। यदि मैं मीडिया में इस्तेमाल की जाने वाली शब्दावली का ही इस्तेमाल करता तो रीटेल के एचआर मैनेजर को मेरा रिज्यूमे नहीं मिलता। मैंने कैम्पेन प्लानिंग, कस्टमर ऐक्विज़िशन और पब्लिसिटी जैसे 'कीवर्ड' का इस्तेमाल न सिर्फ़ समरी में किया बल्कि मीडिया की अपनी जॉब प्रोफाइल में भी उसका जिक्र किया। मैंने अपनी उपलब्धियों में इन कैम्पैन से क्या रिजल्ट निकला उनका भी जिक्र किया जिससे मेरी प्रोफाइल रीटेल की ज़रूरत के हिसाब से फिट हो गयी।

एक मल्टीनेशनल कंपनी की एचआर मैनेजर गीतांजलि कहती हैं कि आजकल बहुत सारी कंपनियाँ बड़ी संख्या में आवेदन आने पर सॉफ्टवेयर के ज़रिए रिज्यूमे शॉर्टलिस्ट करती हैं, इसलिए कहीं भी आवेदन करने से पहले जॉब डिस्क्रिप्शन को ध्यान से पढ़ें और देखें कि क्या वाकई आप इस जॉब के लिए उपयुक्त हैं? यदि जवाब हाँ है, तो यह देखिए कि क्या आपके रिज्यूमे में उस कंपनी की ज़रूरत के अनुसार सभी ज़रूरी सूचनाएं एवं स्किलसेट का जिक्र है? यदि नहीं, तो अपने रिज्यूमे को ठीक करने के बाद ही आवेदन करें, ताकि आपका रिज्यूमे सॉफ्टवेयर द्वारा रिजेक्ट न हो।

आप देखें, जैसा गीतांजलि का सुझाव है, मैंने ऐसा ही मीडिया से रीटेल में शिफ्ट करते वक्त किया था। इंडस्ट्री भले अलग थी लेकिन दोनों की ज़रूरत एक ही थी। जॉब डिस्क्रिप्शन को पढ़-समझकर उसकी आवश्यकता के अनुसार मैंने उस अनुभव को रिज्यूमे में हाईलाइट किया, जिसकी उन्हें ज़रूरत थी। मेरी इस छोटी-सी कस्टमाइजेशन ने मुझे उस समय रीटेल, उसके बाद एड-टेक और फिर बुक पब्लिशिंग इंडस्ट्री में जाने का मौक़ा दिया।

अपने रिज्यूमे को अलग कैसे दिखाएँ?

- रिज्यूमे का क्रम ठीक होना ज़रूरी है। यह क्रम क्या हो, इसकी बात हम इसी चैप्टर में पहले कर चुके हैं। ध्यान रखें कि करिअर समरी और स्किलसेट का जिक्र शुरू में अवश्य हो। यदि आप फ्रेशर हैं तो करिअर समरी की जगह अपना जॉब ऑब्जेक्टिव लिखें। जॉब ऑब्जेक्टिव में आप बताएँ कि आप किस दिशा में अपना करिअर बनाना चाहते हैं, आपका लक्ष्य क्या है।

- हर जॉब प्रोफाइल के हिसाब से अपने रिज्यूमे का कस्टमाइजेशन अवश्य करें। समझिए कि हायरिंग मैनेजर क्या चाहता है, उसकी ज़रूरत क्या है।

- अपनी जिम्मेदारियों के साथ अपनी उपलब्धियों का जिक्र अवश्य करें। यदि आपने टीम में किसी प्रोजेक्ट पर काम किया है तो बताएँ कि उस प्रोजेक्ट में आपने क्या किया, आपकी उपलब्धि और योगदान क्या था? दैनिक जागरण में काम करते समय हमने बच्चों के लिए 'जूनियर जागरण' नाम का प्रॉडक्ट लॉन्च किया। इसमें सारी टीमें शामिल थीं। इस अख़बार में बच्चे ही आर्टिकल लिखते थे लेकिन उसका चुनाव एडिटर करते थे। मैं यह नहीं कह रहा हूँ कि मैंने जूनियर जागरण बनाया और लॉन्च किया। हाँ, मैं हर मीटिंग का हिस्सा ज़रूर था; चाहे वह एडिटोरियल हो या सर्कुलेशन, लेकिन मेरा अपना काम स्कूलों में

बच्चों को अख़बार से जुड़ने और लिखने के लिए प्रोत्साहित करने हेतु प्रेजेंटेशन देना था। मैंने अपने रिज्यूमे में यही लिखा कि मैं स्कूलों में प्रेजेंटेशन के जरिये प्रॉडक्ट अवेयरनेस का काम करता था।

- सेलेक्टिव बनें। सिर्फ़ वही चीज़ें रिज्यूमे में डालें, जो आवश्यक हैं। अनावश्यक सूचना पढ़ने वाले का ध्यान मूल विषय से भटकाती है। गागर में सागर भरने की कोशिश करें। रिज्यूमे छोटा हो, जिसमें सारी आवश्यक बातें एक से दो पेज़ में आ जाएँ।

- पठनीय रिज्यूमे बनाएँ। अच्छे फॉन्ट और फॉन्ट साइज़ का इस्तेमाल करें, जिससे पढ़ने में आसानी हो। Georgia, Calibri, Arial, Times, New Roman इत्यादि कुछ ऐसे फॉन्ट हैं, जो पढ़ने में आसान होते हैं। 12 का फॉन्ट साइज़ पढ़ने के लिए सुविधाजनक होता है।

- रिज्यूमे की डिजाईन सुन्दर रखें। वो समय चला गया जब सादा पीडीएफ पर्याप्त होता था। Canva जैसे प्लेटफार्म मुफ्त में रिज्यूमे की अनेक सुन्दर डिजाइन्स उपलब्ध करवाते हैं, जिन्हें आप अपने लिए कस्टमाइज़ कर सकते हैं। ध्यान रखें, सुंदर डिजाईन का यह अर्थ नहीं कि रिज्यूमे को मोर-पंख जैसा रंग-बिरंगा कर दें। अपनी पासपोर्ट साइज तस्वीर लगा सकते हैं। डिजाईन में विज़ुअल एलिमेंट इतना न हो कि वह टेक्स्ट से ध्यान भटकाए।

- रिज्यूमे को भेजने से पहले प्रूफ़रीडिंग अवश्य कर लें। याद रखिए, टाइपिंग की एक भी ग़लती या स्पेलिंग मिस्टेक कंप्यूटर की नहीं आपकी गलती मानी जाएगी।

- हर आवेदन के साथ कवर लेटर अवश्य लगाएँ। जहाँ रिज्यूमे आपकी उपलब्धियों और योग्यताओं को दर्शाता है, वहीं कवर लेटर नियोक्ता के साथ आपका संवाद स्थापित करता है। इस कवर लेटर के ज़रिए

आप एक बार फिर नियोक्ता का ध्यान अपनी स्किलसेट की ओर तो खींचेंगे ही साथ ही इस रोल के लिए उपयुक्त क्यों हैं, यह भी साबित कर पाएँगे।

क्या न करें?

- झूठ न लिखें। वही लिखें जो आप करते हैं। याद रखें, इंटरव्यूअर आपसे वही सवाल पूछेगा, जो आपके रिज्यूमे में लिखा है। यदि आपने काम नहीं किया है तो जवाब में पकड़े जाएँगे और आपका सलेक्शन नहीं होगा।

  एक लड़का मेरे यहाँ से इंटर्नशिप करके गया। उसे कहीं से नौकरी की कॉल ही न आए और जहाँ से आए वहाँ इंटरव्यू गड़बड़ हो जाए! जब वह मेरे पास मदद के लिए आया तो मैंने उसका रिज्यूमे देखा। उसने इंटर्नशिप के दौरान मेरा और मेरे जूनियर का रिज्यूमे लिंक्डइन पर देखा और हमारी प्रोफाइल की हर बात अपने रिज्यूमे में लिख दी। अब सोचिए, इंटर्न कंपनी की मार्केटिंग स्ट्रेटेजी कैसे बना सकता है? कई जगह एचआर ने पढ़ते ही उसका झूठ पकड़ा तो कहीं पर उससे इससे जुड़े सवाल पूछे गये और वह बगलें झाँकने लगा।

- अपनी सेलरी स्लिप, शैक्षिक योग्यता या नौकरी की अवधि के बारे में गलत सूचना न दें। आजकल सारी बड़ी कंपनियाँ बैकग्राउंड वेरिफिकेशन करवाती है। आपका झूठ पकड़ा जाएगा और आप न सिर्फ़ इस नौकरी से हाथ धोएँगे बल्कि हो सकता है कि आप ब्लैकलिस्ट हो जाएँ। बड़ी वेरिफिकेशन एजेंसियां बहुत सारी कंपनियों के लिए यह काम करती हैं। इसलिए यदि आप उस इंडस्ट्री में कहीं और आवेदन करेंगे तो आपके लिए वहाँ भी रेड फ्लैग मार्क हो जाएगा।

- करिअर गैप से न घबराएँ। यदि आपके करिअर में गैप है तो उसका सही कारण बताएँ। साथ ही इस समय को नयी स्किल सीखने में लगाएं।

रिज्यूमे सिर्फ़ कागज का एक टुकड़ा नहीं है। यह आपके और संभावित नियोक्ता के बीच संवाद का पहला बिंदु है। आपकी अनुपस्थिति में रिज्यूमे आपकी कहानी नियोक्ता को सुनाएगा। अतः जब भी रिज्यूमे बनाएं, समय लगाकर और हर पहलू को देख-समझकर बनाएं।

सूत्र 7 अगर आप चाहते हैं कि एम्पलॉयर आपको गंभीरता से ले तो पहले अपनी CV को गंभीरता से लीजिए।

अध्याय 8

इंटरव्यू की तैयारी

अपने बारे में बताएँ?

आपकी ताक़त और आपकी कमजोरियाँ क्या हैं?

आपको यह जॉब क्यों चाहिए?

हम आपको हायर क्यों करें?

आपकी सबसे बड़ी प्रोफेशनल अचीवमेंट क्या है?

कभी कोई विवाद हुआ तो आप उससे कैसे निबटे?

किसी ऐसे अवसर के बारे में बाताइए जब आपसे ग़लती हुई हो?

आप अपनी करेन्ट जॉब क्यों छोड़ना चाहते हैं?

क्या आपका कोई प्रश्न है?

BENEATH EVERY EXCUSE
LIES A FEAR.
PRACTICE BEING FEARLESS.

- ROBIN SHARMA

आपने 'चक दे इंडिया' फिल्म देखी है? इस फिल्म में फाइनल मैच के वक्त शाहरुख ख़ान अपनी टीम से कहते हैं- *ये 70 मिनट तुमसे कोई नहीं छीन सकता। जाओ ये 70 मिनट जमकर खेलो।*

आपको 70 मिनट नहीं मिलेंगे। जब आप इंटरव्यू देने जाएँगे तो 15 से 30 मिनट का समय ही अधिकांश प्रत्याशियों को मिलता है। जितना भी समय मिले वह आपका है और उसमें आपको बेस्ट देना है। कई प्रत्याशी इंटरव्यू में आएँगे, उनमें से जो भी इस आधे घंटे में सभी पैमानों पर खरा उतरेगा, ऑफर लेटर उसी को मिलेगा। अगर आपने स्ट्रेटेजी बनाकर, ढंग से तैयारी की तो 15-20 मिनट भी मैदान फतह करने के लिए काफी होंगे।

इंटरव्यू की तैयारी के कई चरण हैं। इसमें पहला है **कंपनी और अपने रोल संबंधी ज़रूरी सूचनाओं को इकट्ठा करना।**

कंपनी रिसर्च: आप जिस कंपनी में इंटरव्यू देने जा रहे हैं उसकी वैल्यूज, फाइनेंसियल स्थिति, प्रॉडक्ट इत्यादि के बारे में जानते हैं? कंपनी के बारे में उसकी वेबसाइट से जितनी सूचना हो सके देखें। उसके प्रॉडक्ट्स को समझें और उन प्रॉडक्ट्स का मार्केट में क्या फीडबैक है, उसे भी पता करें। कंपनी के फाइनेंस जानना बेहद ज़रूरी है, ताकि आप किसी ऐसी कंपनी में न चले

जाएं जहाँ भविष्य बहुत सुरक्षित न हो। कंपनी से जुडी ख़बरों को भी जानिए। यदि कंपनी से जुड़े कोई रेड फ्लैग होंगे तो ख़बरों से पता लगा सकते हैं।

अब जितनी सूचना आपने हासिल की है, यह सब इंटरव्यू में एक बार में बताना नहीं है। समझदारी से अपने हर जवाब के साथ इसका इस्तेमाल करना है। यदि आपसे स्पष्ट पूछा जाए कि आप कंपनी के प्रॉडक्ट के बारे में क्या जानते हैं? तो आप बताएँगे कि मैंने रिसर्च किया और यह पाया। यदि सीधा न पूछा जाए तो अपने विवेक का इस्तेमाल करें और समझें कि आपको किस सूचना का कैसे इस्तेमाल करना है। उदाहरण के तौर पर अगर आप कंपनी के कोर वैल्यूज को जानते हैं तो यह नहीं बताना कि आपने कंपनी की कोर वैल्यू पढ़ी है। आपको उन कोर वैल्यूज को अपनी बातचीत में प्रदर्शित करना है। उसे अपने काम का हिस्सा बताना है।

टाटा ग्रुप का उदाहरण लेते हैं। टाटा ग्रुप की कोर वैल्यू हैं- INTEGRITY, RESPONSIBILITY, EXCELLENCE, PIONEERING, UNITY. जब आप किसी टाटा कंपनी में जाएंगे तो लिखा मिलेगा कि वह Integrity का प्रदर्शन करेंगे यानी वह पारदर्शी, ईमानदार एवं नैतिक व्यवहार करेंगे। जब वो Responsibility की बात करते हैं तो प्रकृति एवं सामाजिक मुद्दों के प्रति जिम्मेदारी की बात करते हैं। उनकी वेबसाईट पर आप इन सारे कोर वैल्यूज़ के बारे में पढ़ सकते हैं।

इंटरव्यू में आपसे इन कोर वैल्यूज़ की बात सीधे-सीधे की जा सकती है और नहीं भी लेकिन आपको जवाब देते समय ऐसा उदाहरण देना चाहिए जिससे कि पता लगे कि आप जिम्मेदारी लेते हैं, ईमानदारी एवं पारदर्शिता के साथ स्टैन्डर्ड काम करते हैं। अगर आप फ्रेशर भी हैं और आपने कोई प्रोजेक्ट किया हो, चाहे कॉलेज-मैगज़ीन के लिए ही सही, आप उदाहरण देते हुए समझा सकते हैं कि आप टीम प्लेयर हैं और एक्सीलेंस पाने के लिए किस प्रकार काम करते हैं।

इंटरव्यू में जाने से पहले कंपनी के फाउंडर एवं टॉप मैनेजमेंट टीम के बारे में भी जानें। उनके बारे में पढ़ें, जिससे आप समझ सकें कि वह क्या सोचते हैं। यदि आपको उनका कोई इंटरव्यू या विज़न पढने को मिलता है तो उसे अपने जवाबों में शामिल कर सकते हैं। इससे पता लगेगा कि आपने न सिर्फ़ रिसर्च की है बल्कि आप उस दिशा में सोच भी रहे हैं।

इस रिसर्च में इंटरव्यूअर को न भूल जाएं। इंटरव्यूअर का अनुभव क्या है, कहाँ और किन क्षेत्रों में उसने काम किया है, किस तरह का मैनेजर है, इन सब बातों को जानें। यदि आपके पास ये सूचनाएं होंगी तो आप इसका इस्तेमाल इंटरव्यू में कर पाएंगे।

कंपनी से लेकर व्यक्तियों तक की इन सूचनाओं को पाने के लिए आप कंपनी वेबसाइट, इन्टरनेट, न्यूज़, कंपनी का सोशल मीडिया पेज़, लिंक्डइन और व्यक्तिगत नेटवर्क का इस्तेमाल कर सकते हैं। आप उस कंपनी के किसी कर्मचारी से संपर्क करके कंपनी के बारे में जान सकते हैं। यदि यह कर्मचारी अनजान है और आप उससे लिंक्डइन पर पूछ रहे हैं, तो इंटरव्यू लेने वाले के बारे में पूछते हुए सतर्क रहें। क्योंकि उस कर्मचारी का इंटरव्यू लेने वाले से क्या संबंध है, यह आप नहीं जानते। इंटरव्यू लेने वाले का हल्का जिक्र करके देखें, हो सकता है कुछ सूचना मिल जाए। न मिले तो इस पर जोर न देकर सिर्फ़ कंपनी, वर्क कल्चर और प्रॉडक्ट के बारे में पूछें।

रिसर्च पूरी हो चुकी हो तो एक बार ख़ुद की जाँच-परख भी कर लें। सबसे ज़्यादा सवाल आपके रिज्यूमे से ही पूछे जाएंगे। इसलिए अपना रिज्यूमे पुनः ढंग से पढ़ें। यदि आपने किसी सर्टिफिकेशन कोर्स का जिक्र किया है तो उस टॉपिक से जुड़े सभी पक्षों को समझ लें। यदि किसी प्रोजेक्ट का जिक्र किया है तो उस प्रोजेक्ट में आपका निजी योगदान क्या था, प्रोजेक्ट के विभिन्न आयाम क्या थे, इनकी बात करें। शुरुआत में भी कहा था और यहाँ पुनः याद दिला रहा हूँ कि रिज्यूमे में ऐसा कुछ न लिखें जिसका आप जवाब न दे सकें।

जॉब डिस्क्रिप्शन बहुत ही महत्त्वपूर्ण डॉक्यूमेंट है। इसे हड़बड़ी में नहीं, पूरे ध्यान से पढ़ें और रोल की ज़रूरतों को समझें। सवालों का अंदाजा लगाने या जवाब की तैयारी के लिए यह डिस्क्रिप्शन बहुत काम आएगा। रोल को लेकर आपके कई सवालों के जवाब इसी डॉक्यूमेंट में है और यही डॉक्यूमेंट रोल को समझने के लिए संभावित सवाल भी देगा।

किसी भी इंटरव्यू से पहले आपको एचआर की तरफ़ से फोन आएगा। इस बातचीत के आधार पर ही आपको फाइनल इंटरव्यू के लिए बुलावा आता है। मेरे अपने अनुभव के अनुसार एचआर आपके रिज्यूमे में लिखी बातों को एक बार आपसे सुनकर पुष्टि करते हैं, आपकी अपेक्षा या कोई सवाल हों तो उनका जवाब देते हैं। यह कॉल बहुत लंबी नहीं होती इसलिए जवाब देते समय ध्यान रखें कि जवाब संक्षिप्त, टू द पॉइंट और अपने रोल से जुड़ा हुआ हो। यदि कंपनी, जॉब डिस्क्रिप्शन इत्यादि को लेकर आपके मन में कोई भी सवाल हो तो उसे स्पष्ट पूछ लेना चाहिए, जिससे कि आप इंटरव्यू के लिए तैयारी ठीक से कर सकें।

अब हम बात करते हैं अक्सर पूछे जाने वाले उन प्रश्नों की जो आसान लगते हुए भी इंटरव्यू में कठिन साबित होते हैं। लेकिन उससे पहले एक छोटी-सी टिप:

आप अपने बारे में सब जानते हैं और थोड़ा बहुत इंटरव्यू लेने वाले के बारे में भी जान लें। जब भी कोई जवाब दें तो कोशिश करें कि उन बातों का जिक्र जरूर हो जिन्हें आप इंटरव्यू में बताना चाहते हैं। और इन बातों का जिक्र ऐसे करें कि इंटरव्यूअर की उसमें रुचि जगे और वह आपसे उसके बारे में यदि सवाल न पूछने वाला हो तो भी पूछे। ये कैसे होगा इसका जिक्र हम आने वाले सवालों के संभावित जवाब में करेंगे।

ध्यान रहे कि हम जो सवाल और उसके जो संभावित जवाब दे रहे हैं यह हमेशा ऐसा ही नहीं होगा। कई जगह पर इंटरव्यूअर, सवाल के तरीक़े या इंडस्ट्री के हिसाब से अपने जवाबों को बदलना होगा।

■ **अपने बारे में बताएँ**

किसी भी इंटरव्यू में सबसे पहले पूछा जाने वाला सवाल है- टेल मी अबाउट योरसेल्फ? सवाल आसान है लेकिन अक्सर लोग इसके जवाब में उलझ जाते हैं। यह सवाल असल में आइस-ब्रेकिंग के लिए होता है क्योंकि काम की अधिकतर चीज़ें तो आपके रिज्यूमे में लिखी ही हैं।

इस सवाल को बहुत ध्यान से सुनें, क्योंकि इस सवाल में कई बार इंटरव्यूअर किसी खास क्रम में, या किसी खास चीज़ के बारे में बताने को कहेंगे। उदाहरण के तौर पर, वो बताइये जो इस रिज्यूमे में नहीं लिखा, या टेल मी अबाउट योर करिअर जर्नी या ऐसा ही कुछ। इसलिए स्वयं को इन सब तरह के सवालों के लिए तैयार रखें।

इस सवाल के जवाब को तीन हिस्सों में बाँटें- आपने पहले क्या किया है, अभी क्या कर रहे हैं और भविष्य में क्या करना चाहते हैं। आपका यह जवाब ऐसा होना चाहिए जो आपको बाकी लोगों से अलग दिखाए इसलिए सिर्फ़ वह विवरण मत दीजिए जो रिज्यूमे में लिखा है।

इस सवाल के जवाब की शुरुआत अपनी स्कूली शिक्षा से करें। अपनी पिछली नौकरियों के बारे में बताते हुए वर्तमान नौकरी तक आयें। यह काम तो सभी करेंगे, आप इस यात्रा को एक कहानी की तरह बताएँ, जिससे कि सुनने वालों में रुचि पैदा हो। इसमें वो सारे एलीमेंट जोड़ें, जो इस नौकरी के लिए आवश्यक आपकी विशेषताओं को उजागर करें। उदाहरण के तौर पर, यदि आप स्कूल में डिबेट इत्यादि में भाग लेते रहे हैं तो उसका जिक्र कुछ यूँ करें कि आपको विभिन्न विषयों पर जानकारी इकट्ठी करना, रिसर्च करना और किसी विषय पर अन्य लोगों के विचार जानना पसंद था इसलिए आप डिबेट, पेपर राइटिंग, इत्यादि में भाग लेते रहे। जिन नौकरियों का जिक्र करें उसके साथ यह भी बताएँ कि उनमें आपने क्या सीखा।

अगर आप फ्रेशर हैं तो शिक्षा के दौरान ही अपनी सारी खूबियाँ बतानी होंगी। अगर आप इंजीनियर हैं और किसी टेक्नोलॉजी की समझ रखते हैं तो उससे जुड़ी बातें बताइए। जो प्रोजेक्ट किया उसके बारे में बताइए।

वर्तमान नौकरी के प्रोफाइल पर सबसे अधिक ध्यान दें। यह आपके इंटरव्यू के लिए सबसे महत्त्वपूर्ण है। यदि आप टीम का हिस्सा हैं तो उस टीम में क्या करते हैं, उसकी बात करें। इसके बाद अपने करिअर और भविष्य के प्लान को बताते हुए कहें कि इस कारण आपने उनकी कंपनी में अप्लाई किया है। 90% संभावना है कि इसके बाद आपके द्वारा कही बातों में से ही कोई सवाल पूछा जाएगा।

जब यह पूछा जाए कि वो बातें बताइए, जो रिज्यूमे में नहीं है। इसपर कुछ ऐसी बातें भी बताएँ, जो आपके व्यक्तित्व को दर्शाये। जैसे कि आपने कोई सर्टिफिकेट लिया है, म्यूजिक इंस्ट्रूमेंट बजाते हैं या सीखने के लिए कोई कोर्स करते हैं।

किसी भी इंटरव्यू की सफलता यह होती है कि उसे सवाल-जवाब की जगह आप बातचीत में बदल सकें। इसलिए वह सब बताएँ जो आपकी बातचीत को आगे बढ़ाए। आपका यह जवाब ऐसा ही होना चाहिए।

- **आपकी ताक़त और कमजोरियाँ क्या हैं?**

ये बहुत ट्रिकी सवाल है। आदमी अपनी तारीफ तो कर ले पर बुराई कैसे करे, और वो भी तब जब नौकरी उसी पर टिकी हो। यह सवाल इसलिए पूछा जाता है कि इंटरव्यू लेने वाला नौकरी की ज़रूरत के अनुसार आपकी स्किल और पर्सनॉलिटी का आँकलन कर सके। हर तरह की जॉब प्रोफाइल के लिए अलग तरह की पर्सनॉलिटी और स्किल चाहिए। अगर आप सॉफ्टवेयर इंजीनियर के लिए इंटरव्यू दे रहे हैं तो बहुत

अच्छा एनालिटिक्स, तकनीकी ज्ञान आवश्यक है, सेल्स के लिए दे रहे हैं तो अच्छा कम्युनिकेशन और रिलेशन बनाने की क्षमता महत्त्वपूर्ण है।

अपने जवाबों को तैयार करते हुए इस बात का भी ध्यान रखें कि आप जो भी स्ट्रेंथ बताने जा रहे हैं, वह नौकरी की ज़रूरत के हिसाब से हो, और वीकनेस बड़ा नुकसान न करे।

हम जब भी स्ट्रेंथ की बात करते हैं तो अधिकतर लोग यही कहते हैं कि हार्डवर्किंग हूँ, डीटेल ऑरिएन्टेड हूँ, पॉज़िटिव ऐटिट्यूड है। आप क्या अलग कहेंगे? यहाँ पर मैं फिर कहूँगा कि कहानी सुनाइये। ये सभी खूबियाँ ठीक हैं, लेकिन क्या आपके पास इनके उदाहरण हैं? आप अपने काम से जुड़ा कोई उदाहरण भी बताइए। इन खूबियों को नये शब्दों में पिरो दीजिये। अगर कहना हो कि मैं हार्डवर्किंग हूँ तो साथ में जोड़िए कि जब प्रोजेक्ट मिले तो मैं उसे मिशन कि तरह देखता हूँ और उसे टाइम पर खत्म करने के लिए जितनी मेहनत लगे, करता हूँ। ये सिर्फ़ उदाहरण है, आप ऐसे कई और जवाब सोच सकते हैं। ये ज़रूरी नहीं कि आपको 10 खूबियाँ अनिवार्यतः बतानी ही हैं। क्योंकि जो आप कहेंगे उसे साबित करने को भी कहा जा सकता है। सामान्य तौर पर या 3 खूबियाँ गिनायी जा सकती हैं, जिनको उदाहरण सहित आप साबित कर सकें।

स्ट्रेंथ का जवाब तो प्रायः लोग दे देते हैं लेकिन वीकनेस का जवाब देना काफी कठिन होता है। मुझे एक बार किसी प्रत्याशी ने स्ट्रेंथ और वीकनेस वाले सवाल पर कहा था कि 'मैं इंसान हूँ, गलतियाँ भी करता हूँ लेकिन मुझमें रचनात्मक आलोचना को स्वीकार करने की क्षमता है।'

यह बहुत अच्छा जवाब था। उसने वीकनेस तो बतायी लेकिन यह भी बता दिया कि वह उसे सुधारना जानता है। इस तरह अपनी वीकनेस को उसने सकारात्मक रूप दे दिया। जैसा मैंने ऊपर कहा है कि इंटरव्यू लेने वाले को सवाल जवाब नहीं बातचीत में ले आइये। उसकी रुचि जगाइए ताकि वह आपसे वही सवाल पूछे, जिसका आप अच्छा जवाब

दे सकें। आप देखिए कि उसने इस जवाब में मेरी रुचि जगाकर मुझे मजबूर किया कि मैं उसकी सफलता का क़िस्सा सुनूँ। मैंने पूछा कोई ऐसा क़िस्सा जो आपकी बात को साबित करता हो?

उसने कहा कि "जब मुझे कोई प्रोजेक्ट मिलता है तो मैं उसमें डूब जाता हूँ। ऐसा लगता है कि ये मेरा पर्सनल प्रोजेक्ट है और इसकी सफलता-विफलता सिर्फ़ मेरी है, कंपनी या टीम की नहीं। मैं इस वजह से मन लगाकर काम करता हूँ, लेकिन कई बार पर्सनल होने की वजह से मैं टीम को नहीं सुनता और अपनी ही बात पर अड़ जाता हूँ।" उसने मुझे आगे बताया कि उसके एक कलीग का प्रोजेक्ट पर सुझाव अच्छा था लेकिन उसने नहीं माना था, जिसकी वजह से गलती हुई। वह आगे कहता है कि "गलती होने पर मेरे बॉस ने मुझे काफी डांट लगायी कि मैं सुनता क्यों नहीं! उसके बाद उन्होंने मुझे टीमवर्क के बारे काफी बातें सिखायी। परिणाम यह हुआ कि अगले कुछ प्रोजेक्ट में मैं धीरे-धीरे एक अच्छा टीम प्लेयर बन गया।"

आप इस जवाब को एक बार फिर पढ़िए और सोचिए कि उसने कितनी खूबसूरती से अपनी कमी को सकारात्मक बना लिया और अपनी स्ट्रेंथ को वह दुबारा मेरे ध्यान में ले आया। उसने मुझे सिर्फ़ दो बातें कहीं- पहली, वह हार्डवर्किंग है, दूसरी, गलती कर देता है लेकिन फीडबैक स्वीकारता है। उसने ये नहीं कहा था कि वह पॉजिटिव एप्रोच वाला है तथापि उसके इस जवाब के बाद उसके बारे में मैंने स्वयं यह धारणा बना ली। उसके इस जवाब से यह भी पता लगा कि वह जो काम कर रहा है उसे समझता है और वाकई डूबकर करता है। क्योंकि जब वह उस प्रोजेक्ट के बारे में बताने लगा तो उसके पास हर चीज़ का जवाब था कि प्रोजेक्ट का उद्देश्य क्या था, कौन सी टीम क्या करती है, किसने क्या किया और उसका लाभ किस तरह हुआ। उस लड़के का सलेक्शन होने में इस एक जवाब का बहुत बड़ा योगदान था।

इसलिए जब कमियाँ बताएँ तो झूठ न बोलें। इंटरव्यू लेने वाला ट्रेंड होता है, इतने इंटरव्यू ले चुका होता है कि झूठ पकड़ लेता है। कुछ जवाब बहुत ज़्यादा लोगों द्वारा दिये जाते हैं जैसे कि:

मैं डिटेल पर बहुत ज़्यादा ध्यान देता / देती हूँ।

मैं प्लानिंग पर बहुत फोकस करता / करती हूँ।

मैं न नहीं बोल पाता / पाती।

मैं काम में कई बार ज़्यादा घुस जाता / जाती हूँ, जिससे वर्क-लाइफ बैलेंस बिगड़ता है।

अगर प्रोजेक्ट की डेडलाइन छूट गयी तो मैं बेचैन हो जाता / जाती हूँ।

मुझे सब कुछ ख़ुद ही करना पसंद है, जिससे बाकी टीम मेम्बर भरोसा नहीं करते।

ये सारे जवाब इतनी बार दिये जा चुके हैं कि इंटरव्यू लेने वाले को भी याद हो गये हैं। हमने पहले के एक चैप्टर में SWOT किया था। अपनी शीट खोलिए और वीकनेस को देखिये। यह देखिये कि कैसे उनको अपने जवाब में इस तरह शामिल किया जाए कि आप मौक़ा खोये बिना सकारात्मक छवि बना लें।

मैंने अपने कई प्रोफेशनल मित्रों से पूछा कि वो क्या वीकनेस बताते हैं। अधिकतर के जवाब यही थे जो ऊपर लिखे गये हैं। लेकिन कुछ लोगों के जवाब अलग थे।

बैंकर शेखर झा कहते हैं कि जब वह फ्रेशर थे तो उन्होंने अपना वीकनेस 'ओवर-कॉन्फिडेंस' कहा था और जब वह सीनियर हुए, टीम लीड करने लगे तो अपना वीकनेस 'ओवर-कॉन्फिडेंस ऑन माई टीम' बताने लगे। अब आप इस जवाब की खूबसूरती देखिए, अपनी वीकनेस में ही उन्होंने ख़ुद के

कॉँफिडेंट होने को भी जाहिर किया और अपनी टीम पर भरोसा करने वाले एक टीम लीडर के तौर पर भी स्वयं को स्थापित किया।

पूर्व पत्रकार और अब एक पब्लिशिंग हाउस के प्रबंध संपादक सुशांत झा कहते हैं कि वह इंट्रोवर्ट थे। उन्होंने इस कमी को बताते हुए कहा कि वह इसमें सुधार कर रहे हैं। वह अपनी एक कमी यह भी बताते हैं कि टेक्नोलॉजी उन्हें देर से समझ आती है लेकिन इतनी सीख लेते हैं कि काम में नुकसान न हो। तीसरी कमी, वह बताते हैं कि पर्फेक्शन के चक्कर में कई बार प्रोजेक्ट लेट हुआ लेकिन उन्होंने टाइमलाइन की महत्ता को समझा है और अब टाइमबाउन्ड होकर काम प्लान करते हैं। उनकी ये तीनों वीकनेस उनके करिअर के अलग-अलग दौर में रहीं।

सुशांत झा के जवाबों को पुनः पढ़िये। देखिए, उन्होंने कितनी खूबसूरती से हर कमी बतायी और उसका नकारात्मक प्रभाव भी नहीं पड़ने दिया। वह पत्रकार हैं इसलिए उन्हें उतनी ही तकनीक की आवश्यकता है, जितने में कंप्युटर और एमएस ऑफिस का इस्तेमाल कर सकें। उन्होंने कमी भी बता दी और यह भी कि इससे उनके काम पर असर नहीं पड़ेगा। वह काम को पर्फेक्शन से भी कर सकते हैं और जब टाइमलाइन का प्रेशर हो तो उसमें भी, यह हम उनके तीसरे जवाब से पाते हैं।

एक मल्टीनेशनल बैंक के AVP रोहित शर्मा सुझाव देते हैं कि सिर्फ़ कमी न बताइए, यह भी बताइए कि आप उसे कैसे दूर कर रहे हैं? रोहित ने अपने इंटरव्यू में कहा था कि वह छोटे-छोटे ग्रुप में बहुत आराम से बात कर सकते हैं लेकिन पब्लिक स्पीकिंग में उन्हें संकोच होता है। वह इस कमी को जानते हैं और इसे दूर करने के लिए वह टोस्टमास्टर जैसे क्लब का हिस्सा बने और साथ ही अब छोटी मीटिंग्स में बोलने का मौक़ा भी नहीं छोड़ते। इससे उनका आत्मविश्वास हर बार बढ़ता है।

कुछ अन्य उत्तर भी हैं, जो इस प्रश्न का जवाब अलग और सकारात्मक ढंग से देने में मददगार हो सकते हैं:

- जो स्किल आपकी कमजोर हो, उसका जिक्र करते हुए कह सकते हैं कि मैं इस स्किल में भी अपनी बाकी स्किल्स कि तरह बेहतर होना चाहता हूँ।

  उदाहरण के लिए आप रोहित शर्मा या सुशांत झा के जवाब को पुनः देखें। आप कह सकते हैं कि मैं अपने काम लायक तकनीक का इस्तेमाल जानता हूँ लेकिन प्रायः उसे देर से सीखता हूँ। अब चाहता हूँ कि जब भी कोई नयी तकनीक प्रॉडक्टिविटी बढ़ाने के लिए आये तो उसे पहले ही सीख लूँ। या यों कहें कि मैं अच्छा स्पीकर हूँ लेकिन जितना अच्छा मैं किसी मीटिंग में बोलता हूँ उतना अच्छा स्टेज से नहीं बोल पाता। मैं इस कमी को दूर करना चाहता हूँ।

- मुझे अन्य लोगों से मदद माँगने में संकोच होता है, जिससे मेरे काम का दबाव बढ़ जाता है।

- अचानक और बहुत जल्दी-जल्दी होने वाले बदलाव मुझे पसंद नहीं। मैं किसी भी बदलाव को करने से पहले सारे पक्ष समझकर ही आगे बढ़ना चाहता हूँ, जिससे कि पुनः उसे बदलने की ज़रूरत न पड़े।

- मुझे अस्पष्टता की स्थिति नहीं पसंद। चाहता हूँ कि मैं जो भी काम करूँ या मुझे जो काम दिया जाए उसके बारे में पूरी पारदर्शिता हो।

- पूरा काम उसी दिन खत्म करके जाने की मेरी आदत के कारण मैं कई बार वर्क-लाइफ बैलन्स नहीं बना पाता। जबकि कई टास्क ऐसे होते हैं जिन्हें अगले दिन किया जा सकता था। मैं अब काम को प्राथमिकता के अनुसार बाँटकर वर्किंग ऑवर्स में ही खत्म करने की कोशिश कर रहा हूँ।

- मैं खतरों का खिलाड़ी नहीं हूँ। मैं सिर्फ़ केलक्यूलेटेड रिस्क ही लेना पसंद करता हूँ।
- 'न' नहीं कह पाने की वजह से मैं कई बार उन कामों को भी हाँ कह देता हूँ जो मेरे मुख्य काम को डिस्टर्ब करता है।

इस प्रश्न के उत्तर की समरी यही है कि स्ट्रेंथ जो कहें वह आपके काम के लिए अच्छा हो, वीकनेस जो भी कहें वह या तो आपके काम को बहुत नुकसान न पहुँचाता हो या आप उसे एक सकारात्मक पक्ष दें कि आप उस पर काम कर रहे हैं।

- **आप यह जॉब क्यों चाहते हैं?**

कई साल पहले मैं असिस्टेंट मैनेजर के लिए इंडिया टुडे में अप्लाई कर रहा था तो अपने रूममेट से पूछा कि यार अगर ये सवाल पूछा तो क्या जवाब दूँगा? उसने कहा बोल देना कि आप सैलरी ज़्यादा दोगे इसलिए करनी है। हम दोनों इस बात पर हँसे तो खूब लेकिन यह जवाब इंटरव्यू में नहीं दिया जा सकता।

यह सवाल एक अच्छा मौक़ा है, जहाँ आप अपनी ख़ूबियों और स्किल्स की बात पुनः कर सकते हैं। जो कुछ पहले कहना छूट गया, उसे भी जोड़ सकते हैं। इस चैप्टर के शुरू में हमने जॉब डिस्क्रिप्शन ठीक से पढ़ने और कंपनी के बारे में रिसर्च करने की बात की थी। इस सवाल के जवाब में यह रिसर्च काम आएगी।

इस सवाल का जवाब बुनते वक़्त ध्यान रखें कि कंपनी अपने फायदे के लिए कर्मचारी रख रही है इसलिए स्वयं को कंपनी के फायदे के लिए उपयुक्त व्यक्ति साबित करना है। आपको यह साबित करना है आपने पिछली कंपनी में जो सीखा और आपने जिस तरह से अपनी स्किल को निखारा है, उसकी वजह से आप करिअर में अगला क़दम

लेने को तैयार हैं। आप जॉब डिस्क्रिप्शन और अपनी स्किल का हवाला देते हुए स्वयं को इस रोल के लिए उपयुक्त साबित करें।

आपको इस कंपनी में अपनी रुचि दर्शानी है। आप कंपनी की किसी यूनीक चीज़ के बारे में बात करते हुए बतायें कि कैसे वह चीज़ आपको आकर्षित करती है। उदाहरण के तौर पर कंपनी की पॉलिसी, प्रॉडक्ट या वर्क कल्चर... आप कंपनी के मैनेजमेंट और उनके लिए निर्णयों की तारीफ करते हुए कह सकते हैं कि आप भविष्य में जिस तरह का करिअर प्लान देखते हैं, वह इस कंपनी में पूरा हो सकता है।

- **हम आपको हायर क्यों करें?**

यह सवाल पिछले सवाल का ही एक दूसरा रूप है। जवाब में मामूली-सा परिवर्तन होगा। इस सवाल के जवाब में स्वयं को बेचना है। आपको इंटरव्यूअर को यह साबित करना है कि इस रोल के लिए आप जैसा अनुभवी और स्किलसेट वाला व्यक्ति कोई और नहीं है। यदि आप फ्रेशर हैं तो अपने सकारात्मक रवैये, स्किल और सीखने की इच्छा का प्रदर्शन करें।

ऊपर के दोनों सवालों को कई बार यूँ भी पूछा जाता है कि What can you bring to the company? इस सवाल में भी आपको यही रणनीति रखनी है। अपने रूममेट के शब्दों में कहूँ तो आपको साबित करना है कि *अगर वह कंपनी गोथम सिटी है तो आप ही बैटमैन हैं।*

- **आपकी सबसे बड़ी प्रोफेशनल अचीवमेंट क्या है?**

इस सवाल का जितना एनालिटिकल जवाब देंगे उतना अच्छा होगा। सबसे पहले आप उस सफल प्रोजेक्ट का कांटेक्स्ट इंटरव्यूअर को समझाइए। बताइए कि वह क्या था और क्यों महत्त्वपूर्ण था। इसके बाद उस प्रोजेक्ट में आपका क्या रोल था और आपने उसे किस प्रकार

पूरा किया। यदि यह टीमवर्क था तो आपके द्वारा किये गये काम से पूरी टीम या पूरे प्रोजेक्ट को क्या लाभ मिला? यदि आप इसमें नंबर या आँकड़े बता सकते हैं तो वह ज़रूर जोड़ें।

एक बड़ी सॉफ्टवेयर कंपनी की इंजीनियर पुष्पा चौधरी ने मुझे बताया कि उन्हें वैलिडेशन और टेस्टिंग में डाला गया। अभी तक इस डिपार्टमेंट में यह काम मैनुअल तरीक़े से हो रहा था। जो भी नया आदमी टेस्टिंग करने आता है, वह सभी चीज़ों को पहले नये सिरे से समझता है फिर काम शुरू करता है। इस वजह से वह एक टेस्टिंग को 2 से 3 दिन में पूरा करता है। पुष्पा को न सिर्फ़ यह टीम दी गयी बल्कि कहा गया कि इस प्रोसेस का टाइमलाइन घटाना है। पुष्पा ने सभी तरह के टेस्टिंग और वैलिडेशन की संभावनाओं को पहचानकर उनकी स्क्रिप्ट लिखी, जिससे अगर कोई भी नया आदमी आये तो उसे सिर्फ़ स्क्रिप्ट रन करनी होती है। इससे 2-3 दिन में होने वाला काम कुछ घंटों में होने लगा। जो काम वर्षों से नहीं हो पाया था उसे इस इंजिनियर ने किया। यदि इस सवाल का जवाब देना हो तो यह सब कॉन्टेक्स्ट देते हुए यह कहना चाहिए कि उन्होंने इस स्क्रिप्ट से कंपनी के कितने घंटे बचाये।

- **आप कभी किसी विवाद में पड़े और उससे कैसे निकले?**

इस सवाल का जवाब क्या हो, यह बताने से पहले मैं अपना एक किस्सा सुनाता हूँ। साल 2007 में मैंने आदित्य बिड़ला रिटेल में ज़ोनल मार्केटिंग मैनेजर के तौर पर जॉइन किया। मेरी जॉइनिंग के वक्त मैं बिजनेस साइड का पहला सीनियर कर्मचारी था। इससे पहले सीनियर में सिर्फ़ फाइनेंस और ऑपरेशन टीम आई थी जो कि स्टोर की लोकेशन तय कर रही थी। तैयारी जोरों पर थी। सेल्स के लिए स्टोर के फ्लोर पर काम करने वाली पूरी टीम नियुक्त हो गयी थी और उनकी ट्रेनिंग भी

पूरी हो चुकी थी लेकिन असल समस्या यह थी अब तक एक भी स्टोर नहीं खुला था और हमें अगले 6 महीने में 16 स्टोर खोलने थे।

जब मैंने जॉइन किया तो पहला चैलेंज यही आया कि स्टोर के लॉन्च का सारा कार्यक्रम दो महीने डिले हो गया क्योंकि कुछ स्टोर की डील पूरी नहीं हुई थी तो कुछ तैयार नहीं थे। मेरे सामने दूसरा चैलेंज स्टोर खुलने से पहले ही आ गया। जहाँ-जहाँ हम स्टोर खोल रहे थे वहाँ पहले से रिलायंस फ्रेश, सुभिक्षा, सिक्स-टेन जैसे बड़े रिटेल स्टोर जमे हुए थे। हमसे 2-3 साल पहले आ जाने की वजह से इन स्टोर्स के पास लोकेशन हमारे मुकाबले बहुत अच्छी थी। हमारे कुछ स्टोर्स पहुँच और पार्किंग के हिसाब से इतने सुविधाजनक नहीं थे, जितने कि बाकी ब्राण्ड के स्टोर्स थे। मुझे उसी इलाके से इन स्टोर के कस्टमर समेत नये कस्टमर को अपने स्टोर तक लाना था।

जब मैंने देखा कि स्टोर का लॉन्च दो महीने टल गया है तो मैंने स्टोर फ्लोर सेल्स की 60 लोगों की टीम को उनके स्टोर से 1 किमी के दायरे के सभी घरों में सर्वे करने भेजा। 10 दिन में मेरे पास पूरी सूचना थी कि किस किस कॉलोनी के लोग किस जगह से और क्या सामान खरीदते हैं। यह सर्वे पूरा होने के बाद इसी टीम के कुछ सदस्यों को रिलायंस फ्रेश, सुभिक्षा इत्यादि पर भेजना शुरू किया। यह टीम वहाँ जाकर उनके स्टोर में रखे प्रॉडक्ट और हर हफ्ते उनकी कीमतों में होने वाले बदलाव को नोट करती।

मैंने उस मानव श्रम के जरिये अपनी मार्केटिंग रणनीति बनाने के लिए डेटा तो इकट्ठा करने के साथ खाली बैठी टीम को भी काम में लगाये रखा, जिससे वह हताश न हो जाए। जब स्टोर खुले तो यह टीम कम्पटीशन के स्टोर के ऑफर के बारे में ज़्यादा अच्छा जानती थी। मैंने इस काम से मैनेजमेंट को अपनी प्लानिंग और स्ट्रेटेजी बनाने की क्षमता से परिचित करवाया, साथ ही यह भी साबित कर दिया कि मैं 'पीपल्स पर्सन' हूँ, जो किसी दूसरी टीम के लोगों से रिश्ते बनाकर काम करवा सकता है।

जब आप से ऐसे किसी कान्फ्लिक्ट या चैलेंज की बात पूछी जाए तो आप किसी ऐसे प्रोजेक्ट के बारे में बताएँ, जहाँ कुछ कठिनाइयाँ भीतरी या बाहरी कारणों से रही हों। ध्यान रहे कि आप सवाल पूछने वाले को पूरा कॉन्टेक्स्ट भी समझाएं, जिससे कि वह समस्या को समझ सके। मैंने आपको जो बताया उस बारे में सोचिए, मैंने आपको पूरा परिदृश्य बताया- न सिर्फ़ कंपनी का अंदरूनी बल्कि बाहरी तत्व, जैसे कम्पटीशन के बारे में भी। यह सवाल पूछकर इंटरव्यूरअर आपके सोचने और रणनीति बनाने की क्षमता को समझना चाहता है। अतः कांटेक्स्ट समझाने के बाद इस समस्या के समाधान के लिए आपने क्या किया, इस बारे में भी विस्तार से बात करें।

यह सवाल behavioral analysis से भी जुड़ा है और इसका जवाब STAR फॉर्मेट में दें। **STAR** यानी **Situation, Task, Action, Result.**

शुरुआत स्थिति और समस्या को बताने से करें, फिर उस स्थिति में आपका काम क्या था, आपने क्या एक्शन लिया और परिणाम क्या रहा, यह भी बताएँ।

- **आप हमें उस बारे में बताइए जब आपने गलती की या आप फ़ेल हुए।**

  यह सवाल बहुत ट्रिकी है, क्योंकि इसमें आपकी अपनी गलती पूछी जाती है। अब गलतियों की बात तो कोई नहीं करना चाहता लेकिन यदि पूछ ही लिया जाए तो शर्माएँ नहीं। ऐसा कोई इंसान नहीं, जिससे गलती नहीं हुई हो। यहाँ भी आप कांटेक्स्ट समझाएं और आपसे गलती क्यों हुई, उसे बताएँ। यह भी जोड़ें कि आप इस गलती को किस तरह सुधार सकते थे। अपने जवाब में ईमानदार रहें और अपनी गलती किसी और पर थोपने की कोशिश न करें।

- **आप अपना वर्तमान जॉब छोड़ना क्यों चाहते हैं?**

मेरा रूममेट कहता था कि लोग ये सवाल पूछते क्यों हैं? अगर सच बोल देंगे कि बॉस के साथ नहीं बनती या सैलरी कम है, तो कभी नहीं लेगा। रूममेट वास्तविकता कह रहा था, लेकिन इस वास्तविकता से नौकरी मिलने से रही। इंटरव्यू में कभी भी कंपनी या बॉस की आलोचना न करें। यह आपके व्यक्तित्व की नकारात्मक छवि बनाएगा। इस सवाल का जवाब काफी हद तक 'आप यह जॉब क्यों चाहते हैं'जैसा ही होगा। यहाँ पर आपको इस कंपनी और यहाँ के रोल के साथ अपनी स्किल को जोड़ते हुए जवाब देना है; कैसे आप इस जॉब को अपने करिअर प्लान में फिट देखते हैं।

इंडिया टुडे में मुझसे पहले मेरी टीम का एक साथी इंटरव्यू देने गया था, यह बात मुझे बाद में पता चली। उसने कंपनी छोड़ने का कारण वर्क कल्चर बताया, साथ ही ऑफिस के कई लोगों की बुराई भी की। जब मैं इंटरव्यू देने गया तो इंटरव्यू लेने वाले को कुछ सूचनाएं मेरे साथी के ज़रिए हासिल हो चुकी थीं। उसने पूरे विश्वास से कहना शुरू किया कि तुम्हारी कंपनी में तो ऐसा है, वैसा है, इसलिए तुम सही जवाब नहीं दे रहे हो। तब अपनी उम्र कम थी, अनुभव भी कम था, मैं इंटरव्यू लेने वाले के दबाव में आ गया और मैंने भी कुछ आलोचना की।

इसका परिणाम यह है कि मेरे और मेरे उस साथी के रिज्यूमे में कहीं इंडिया टुडे नहीं नज़र आता। जाहिर सी बात है, प्रोफाइल सही होने के बावजूद उन्होंने हमें इस एक गलत जवाब के कारण नहीं लिया। बहुत बाद में जब मेरे उस साथी से उसके इंटरव्यू की बात पता चली तो मैंने एक सबक सीखा। मुझे दबाव में नहीं आना चाहिए था और खुद को सिर्फ़ अपने काम और प्रोफाइल पर रखते हुए सकारात्मक जवाब देना चाहिए था। हर कंपनी में कुछ अच्छा और कुछ बुरा होता है। अगर मैं सकारात्मक ही रहता तो मेरा यह इंटरव्यू सफल हो जाता क्योंकि

इंटरव्यू लेने वाले को मैं दो चीज़ें साबित करता- पहला, मैं दबाव में नहीं आता। दूसरा, मैं नकारात्मकता में भी सकारात्मकता खोज सकता हूँ। ये मौक़ा मुझसे छिन गया, आप न गवाएं।

- **क्या आप हमसे कुछ पूछना चाहते हैं?**

यह सवाल इंटरव्यू के आखिर में पूछा जाता है। चूँकि आप काफी रिसर्च कर चुके हैं और कई जवाब दे चुके हैं इसलिए संभवतः आपके पास सवाल न हों। लेकिन अगर आपको सवाल पूछने के लिए कहा जाता है तो चूकिये मत, क्योंकि यह सवाल सिर्फ़ सवाल भर नहीं है बल्कि एक और मौक़ा है आपको स्थापित करने का। आप ऐसा सवाल पूछें जो आपकी इस जॉब और कंपनी में रुचि को दर्शाये। आप कंपनी के वर्क कल्चर के बारे में पूछ सकते हैं, एम्पलॉयी बेनिफिट के बारे में जानिए, टीम हाइरार्की के बारे में पूछिए, कंपनी के नये प्रॉडक्ट या फ्यूचर ग्रोथ प्लान के बारे में पूछ सकते हैं। आप कुछ अनोखे सवाल पूछ सकते हैं। जैसे कि एक सामान्य वर्किंग डे कैसा होता है। या आप जिस प्रोफाइल के लिए इंटरव्यू दे रहे हैं वह कंपनी के लिए महत्त्वपूर्ण कैसे है।

इंटरव्यू में इतने तरह के सवाल हो सकते हैं कि हम उस पर एक अलग बुकलेट निकाल सकते हैं। फिलहाल हमने सबसे अधिक पूछे जाने वाले सवालों की बात की है। मैं इस चैप्टर को समाप्त करने से पहले इंटरव्यू के लिए कुछ प्रमुख बिंदुओं को पुनः आपके लिए यहाँ लिखता हूँ:

- अपने रिज्यूमे में लिखी हर बात को ठीक से पढ़ें और जो भी लिखा है उसे साबित करने के लिए उदाहरण तैयार रखें।
- कंपनी के बारे में रिसर्च करें और जॉब डिस्क्रिप्शन को ठीक से पढ़ें।
- इंडस्ट्री और प्रोफाइल के अनुसार कपड़ों का चयन करें। कपड़ों को लेकर संदेह हो तो फॉर्मल कपड़े सबसे बेस्ट होते हैं।

- इंटरव्यू में सामान्य रहें और हर सवाल का जवाब आत्मविश्वास के साथ इंटरव्यूअर की आँखों में देखते हुए दें।
- झूठ न बोलें, चाहे काम से जुड़ा हो या सैलरी से, क्योंकि इंडस्ट्री में कई जगह से वेरीफिकेशन हो सकती है और इंटरव्यू लेने वाला भी अनुभवी होता है।
- यदि कभी आप नौकरी से निकाले गये हों तो उसकी वजह भी स्पष्ट बताएँ। यदि इसमें आपकी गलती रही हो तो उसे एक सकारात्मक अंत दें।
- पिछली कंपनी और बॉस की बुराई न करें। सिर्फ़ अपने अच्छे पॉइंट्स को सामने रखें।
- कई अलग-अलग सवाल आपको अपनी खूबियों को बार-बार बताने का मौक़ा देंगे इसलिए हर सवाल को ध्यान से सुनें। यदि सवाल समझ न आये तो पुनः पूछ लें।
- इंटरव्यू में जवाब इस अंदाज से दें कि वह पूछताछ के बदले बातचीत में बदल जाए।

सूत्र 8 किसी भी इंटरव्यू की सफलता यह होती है कि उसे सवाल-जवाब की जगह आप बातचीत में बदल सकें।

अध्याय
9

बॉडी लैंग्वेज

खुलापन और आत्मविश्वासी मुद्रा

आई कॉन्टैक्ट

सुनते वक़्त झुकें और सिर हिलाएँ

अभिव्यक्ति के लिए हाथों का इस्तेमाल करें

गर्मजोशी और मैत्रीपूर्ण मुस्कुराहट

बेचैनी, घबराहट और नकारात्मकता के संकेत न दें

मिररिंग करें

Language is a more recent technology.
Your body language,
your eyes, your energy
will come through to your audience
before you even start speaking.

- Peter Guber

दोस्तों के साथ क्रिकेट खेलकर आप घर में घुसे और बोले, 'मम्मी खाना दे दो'। मम्मी का कोई जवाब नहीं आया जबकि वह सामने ही हैं। आपने जोर से कहा- 'मम्मी, खाना दो... भूख लगी है।' मम्मी ने आपको घूरा, उठकर रसोई में गईं, खाना परोसा और चुपचाप सामने लाकर रख दिया। फिर बिना कुछ बोले चुपचाप चली गयीं।

क्या लगता है, मम्मी गुस्सा हैं?

हाँ!

कैसे पता? वो तो कुछ बोली ही नहीं...

अच्छा चलिए, एक और स्थिति देखते हैं। मम्मी ने आपको इस टाइम खेलने जाने से मना किया था लेकिन आप चले गये। अब खेलते टाइम दोस्तों से आपकी लड़ाई हो गयी और आपको चोट लग गयी। घर पहुँचे तो दर्द हो रहा है लेकिन अब मम्मी से कैसे कहें? आपने चुपचाप बाथरूम में जाकर हाथ-पाँव धो लिए, जहाँ कहीं मिट्टी लगी थी उसे साफ-सूफ करके किताब लेकर पढ़ने बैठ गये। मम्मी आयीं, आपको देखा और पूछा- 'कुछ हुआ है क्या?' आप कहते हैं नहीं... मम्मी कहती हैं सच-सच बता और आप फिर

मना करते हैं। मम्मी आपके पास आकर आपके हाथ-पाँव और सिर देखने लगती है कि कहीं चोट तो नहीं लगी?

मम्मी को कैसे पता चला कि आपको चोट लगी है? कहीं कोई निशान नहीं है, आपने कुछ बोला भी नहीं?

इन दोनों स्थितियों में हमने सामने वाले के हाव-भाव को देखा और उससे अंदाजा लगा लिया कि मम्मी गुस्सा हैं या मम्मी को पता लग गया कि बच्चे को चोट लगी है। बिना बोले ही आपका शरीर, आपका चेहरा, आपकी भाव-भंगिमाएं चुगली कर रही हैं, वह बता रही हैं कि आपके मन में क्या चल रहा है? आप डरे हुए हैं, आश्वस्त हैं, लापरवाह हैं, गुस्सा हैं... अंग्रेजी में इसे 'बॉडी लैंग्वेज' कहते हैं।

एक अध्ययन कहता है कि 93% तक हमारा संवाद गैर-मौखिक होता है। हम जो कुछ भी बोलते हैं उसकी पुष्टि हमारी बॉडी-लैंग्वेज करती है। आपने मम्मी से कहा कि कुछ नहीं हुआ लेकिन आपकी बॉडी लैंग्वेज बता रही थी कि आप झूठ बोल रहे हैं। इंटरव्यू के मामले में भी बॉडी लैंग्वेज एक महत्त्वपूर्ण भूमिका अदा करती है। आपके बैठने का अंदाज, चेहरे के हाव-भाव, आँखों का घूमना, आपके पैरों की स्थिति बताती है कि आप जो बोल रहे हैं क्या वाकई वैसा ही सोचते हैं या कुछ उलट है। इसका मतलब है कि आपकी मुद्रा, आँखों का संपर्क और हाव-भाव नौकरी पाने की आपकी संभावनाओं को बना या बिगाड़ सकते हैं।

"Before you get into the mind,
you have to inhabit the physicality.
Body language is a great way of speaking."

Michelle Yeoh

एक सकारात्मक बॉडी लैंग्वेज जीवन के हर क्षेत्र में मददगार होगी जिसमें इंटरव्यू भी शामिल है। बॉडी लैंग्वेज इतना बड़ा विषय है कि उस पर अलग किताब हो सकती है। चूंकि हमारा उद्देश्य इंटरव्यू में बेहतर करना है इसलिए इस चैप्टर में हम सिर्फ़ उन्हीं कुछ बॉडी लैंग्वेज तकनीकों के बारे में बात करेंगे, जिनका उपयोग आप तालमेल बनाने, आत्मविश्वास व्यक्त करने और अपने इंटरव्यूअर पर एक स्थायी छाप छोड़ने के लिए कर सकते हैं। चाहे आप अनुभवी हों या फ्रेशर, इन कौशलों में महारत हासिल करने से आपको प्रतिस्पर्धा में महत्त्वपूर्ण बढ़त मिल सकती है। बॉडी लैंग्वेज किसी फ्रेशर को या कम अनुभव वाले को ज़्यादा अनुभवी के मुकाबले प्रभावी बना सकता है।

- **खुलापन और आत्मविश्वासी मुद्रा**

  एक इंटरव्यूअर आत्मविश्वासी और खुले विचार का कर्मचारी चाहता है। इंटरव्यू कक्ष में घुसने से लेकर बैठने तक में आत्मविश्वास का प्रदर्शन कर सकते हैं, जिससे पहला इम्प्रेशन बेहतर हो। जब भी इंटरव्यू कक्ष में घुसें तो एक हल्की मुस्कान के साथ इंटरव्यू लेने वालों का आत्मविश्वास के साथ अभिवादन करें।

  कुर्सी पर जब बैठें तो सीधे बैठें। कंधे आगे झुके न हों और सिर ऊपर रखें। ऊपर रखने का मतलब ये नहीं कि छत देखने लगें, गर्दन सीधी हो और आप इंटरव्यूअर से आई कॉन्टैक्ट बनाएं। यह सब आपके आत्मविश्वासी होने का प्रमाण है।

  झुकना, हाथ क्रॉस करना या पैर हिलाना ये सब क्लोज्ड बॉडी लैंग्वेज है। इनसे बचें क्योंकि यह आपको उदासीन या असहज दिखाते हैं। इंटरव्यू में बैठते वक्त एक खुली और आरामदेह मुद्रा बनाकर बैठें। अपनी बाहों को बिना क्रॉस किए रखें और अपनी हथेलियों को या तो अपनी जाँघों पर रखें या आराम से टेबल पर टिकाएँ। यह न केवल

आपको अधिक मिलनसार दिखाएगा, बल्कि साक्षात्कार के दौरान आपको अधिक सहज महसूस करने में भी मदद करेगा।

- **आई कॉन्टैक्ट**

हिंदी में एक मुहावरा है 'आँखें चुराना'। यानी आँखें न मिलाना। जब हम झूठ बोलते हैं या हम में आत्मविश्वास नहीं होता तब हम सामने वाले की आँखों में प्रायः नहीं देख पाते और इधर-उधर देखकर बात करते हैं। चोट लगने पर मम्मी के पूछते समय हम में से बहुतों ने आँखें चुराईं और पकड़े गये।

आई कॉन्टैक्ट एक महत्त्वपूर्ण संचार माध्यम है। साक्षात्कारकर्ता के साथ आँख से संपर्क बनाए रखना दर्शाता है कि आप अपने उत्तरों में व्यस्त, चौकस और आत्मविश्वासी हैं। लेकिन आई-कॉन्टैक्ट में कुछ बातों का ध्यान रखना भी आवश्यक है। आपका आखों से संपर्क घूरने में नहीं बदलना चाहिए। आई-कॉन्टैक्ट बनाए रखने का ये अर्थ भी नहीं कि आपको लगातार इंटरव्यू लेने वाले की आँखों में आँखें डालकर ही देखना है।

आई-कॉन्टैक्ट में एक संतुलन बनाना आवश्यक है। यदि इंटरव्यू लेने वाले एक से अधिक हैं तो यह थोड़ा आसान हो जाता है कि आप बात करते हुए बारी-बारी से सबकी आँखों में देखते हुए बात कर सकते हैं। लेकिन यदि इंटरव्यू लेने वाला अकेला है तो आँख से आँख मिलाने का एक स्वाभाविक, आरामदायक स्तर बनाए रखें। साक्षात्कारकर्ता से लगातार आई-कॉन्टैक्ट बनाते हुए बीच-बीच में अपनी नज़र एक-दो सेकंड के लिए बदलते रहें।

जब आप बात कर रहे हैं तो इंटरव्यूअर की आँखों में देखें और बीच में कहीं एक पल के लिए अपनी नज़रें कहीं और घुमा कर, जैसे कि कोई पॉज़ ले रहे हों या हाथों का इस्तेमाल बोलते हुए कर रहे हों तो एक पल

के लिए अपने हाथ की ओर ही देख वापस इंटरव्यू लेने वाले की आँखों में देखें। इससे घूरने जैसी या लगातार देखने से असहजता की स्थिति नहीं बनेगी।

- **सुनते वक्त झुकें और सिर हिलाएँ**

बचपन में दादी कहानी सुनाती थीं तो हम सब बीच-बीच में हुँकारी भरते थे, जिससे पता लगता था कि हम सुन रहे हैं। आप दोस्तों से फोन पर लंबी बात करते हैं तब भी बीच में कुछ ऐसा बोलते हैं, जिससे लगता है कि आप लाइन पर हैं और सुन रहे हैं। बस इसी बात का ध्यान इंटरव्यू देते वक्त भी रखना है।

जब इंटरव्यूअर बोल रहा हो तो एकदम मूर्ति की तरह न बैठ जाएँ। बीच-बीच में उनकी बात पर सिर हिलाएँ, जिससे सामने वाले को यह महसूस होता है कि आप सुन ही नहीं समझ भी रहे हैं। यदि इंटरव्यू लेने वाला कोई लंबी या रुचिकर बात कर रहा हो तो थोड़ा आगे झुक सकते हैं। इससे लगता है कि आप बातों में रुचि ले रहे हैं।

- **अभिव्यक्ति के लिए हाथों का इस्तेमाल**

कभी देखा है कैसे बच्चे अपनी बात कहते हुए हाथों का कितना इस्तेमाल करते हैं। अगर वो बताना चाहते हैं कि उन्होंने बहुत बड़ी गाड़ी देखी तो हाथों को भी वैसे ही फैला कर दिखाते हैं। कोई दोस्त अपनी बहादुरी का किस्सा बताते हुए कहे कि कैसे उसने सामने वाले को एक मुक्का मारा तो संभव है कि वह मुक्का बना कर उसी अंदाज में हाथ घुमाये।

देखिए कि अभिव्यक्ति के लिए हाथों का इस्तेमाल कोई नयी बात नहीं। जब हमें किसी ने नहीं सिखाया तब भी हम सब अपनी बात को अधिक मजेदार एवं भरोसेमंद बनाने के लिए ऐसा करते थे। इसी बात का ध्यान इंटरव्यू में भी रखना है।

हाथों के माध्यम से अपनी बात को अधिक प्रभावी ढंग से कहने और अपने बिंदुओं पर जोर देने में मदद मिल सकती है। अपने हाथों को पूरी तरह स्थिर न रखें, क्योंकि इससे आप अकड़ सकते हैं या असहज दिख सकते हैं। इसके बजाय, अपने विचारों को स्पष्ट करने या महत्त्वपूर्ण कथनों पर विशेष ध्यान दिलाने के लिए अपने हाथों का उपयोग करें। बस ध्यान रखें कि संतुलन यहाँ भी ज़रूरी है। इसे इतना ज़्यादा भी न करें हाथों की हरकतें ध्यान भटकाने लगें। अपने मौखिक संचार को पूरक बनाने वाले इशारों के संतुलित, प्राकृतिक प्रवाह का लक्ष्य रखें।

आप प्रैक्टिस के लिए कई वक्ताओं को यूट्यूब पर देख सकते हैं कि वो अपनी बात कहते वक्त हाथों का कैसे इस्तेमाल करते हैं।

- **गर्मजोशी और मैत्रीपूर्ण मुस्कुराहट**

मुस्कुराइए, आप इंटरव्यू में हैं।

जी हाँ, अभिवादन के साथ वो जो प्यारी-सी मुस्कुराहट लेकर आप कमरे में दाखिल हुए थे, उसे बनाये रखें। एक सच्ची और गर्मजोशी भरी मुस्कुराहट आपके लिए इंटरव्यू में चमत्कार कर सकती है। इससे आपकी छवि एक सकारात्मक और मिलनसार व्यक्ति की बनेगी और इंटरव्यूअर को आपके साथ सहजता का एहसास होगा।

सावधानी यही रखें कि यह मुस्कान स्वाभाविक हो। जबरन ओढ़ी मुस्कान दिख जाती है। साक्षात्कार के दौरान एक स्वाभाविक, सुखद अभिव्यक्ति बनाए रखने की कोशिश करें, और अपनी मुस्कान से अपनी वास्तविक रुचि और सकारात्मकता को दर्शाएँ। एक दोस्ताना मुस्कान आपको सकारात्मक तालमेल बनाने तथा नयी भूमिका और कंपनी के लिए आपके उत्साह को व्यक्त करने में मदद कर सकती है।

- **बेचैनी, घबराहट और नकारात्मकता के संकेत न दें।**

आपने कभी गौर किया है कि कहीं किसी का इंतजार करते वक्त, किसी की बात खत्म होते ही उठने की इच्छा होने पर आप पैर हिलाने लगते हैं। यह बेचैनी की निशानी है। हममें से बहुत से लोग यह बिना जाने कर जाते हैं।

इंटरव्यू में चिंता होना, थोड़ी घबराहट होना स्वाभाविक है लेकिन एक शांतचित्त व्यक्ति बड़ी से बड़ी बाधा पर विजय प्राप्त कर सकता है। अपनी घबराहट, चिंता या नकारात्मकता को प्रकट करने में भी हमारी बॉडी लैंग्वेज का बड़ा योगदान है। हम अगर अपनी बॉडी लैंग्वेज पर काबू पा लें तो सकारात्मक संदेश देने के साथ काफी हद तक मन को भी शांत कर सकते हैं।

नकारात्मक बॉडी लैंग्वेज में बात करते समय इधर-उधर देखना, ढीले-ढाले ढंग से बैठना या कुछ ज़्यादा ही अकड़कर बैठना, घूर के देखना, शरीर के किसी हिस्से को खुजाना, उँगलियाँ चटकाना, इंटरव्यूअर की ओर ऊँगली दिखाकर बात करना इत्यादि आता है। पैर हिलाना, पैर को टैप करना, टेबल पर उंगलियों से टैप करना, हाथों को बाँधकर बैठना, यह सब बेचैनी और घबराहट के उदाहरण हैं। हम में से बहुत से लोग अनजाने में ही यह सब करने लगते हैं और इंटरव्यूअर को गलत संदेश देते हैं।

इसके बजाय अपने हाथों और शरीर को स्थिर रखने की कोशिश करें और दोहराव वाली आदतों से बचें। अगर आपको लगता है कि आप बेचैन महसूस कर रहे हैं, तो गहरी साँस लें और अपना ध्यान साक्षात्कारकर्ता और बातचीत पर केंद्रित करें।

शायद ये पढ़कर आपको थोड़ा ठीक लगे। मैंने सौ से अधिक लेक्चर दिये हैं लेकिन अब भी स्टेज पर चढ़ने से पहले मुझे थोड़ी-सी घबराहट होती है और यह स्वाभाविक है। मैं स्टेज पर चढ़ने से पहले

3-4 लंबी और गहरी साँस लेता हूँ और अपना पहला वाक्य मुस्कुराहट से ही शुरू करता हूँ। उसके बाद सब अपने आप ठीक होता जाता है।

- **मिररिंग करें**

हर इंटरव्यू लेने वाला अवचेतन में अपने-जैसे गुणों वाला प्रत्याशी ढूंढ रहा होता है। आप देखें कि किसी टीम के हर सदस्य में कुछ न कुछ गुण बॉस-जैसा होता है। इसलिए इंटरव्यू लेने वाले के अवचेतन में आपको जगह बनानी है और उसके लिए एक तरीक़ा है, जिसे कहते हैं 'मिररिंग'। इसमें आप इंटरव्यूअर के व्यक्तित्व को प्रतिबिंबित यानी मिरर करते हैं। उसके बात करने के लहजे, टोन, भाव इत्यादि को देख कर आप अपने भावों को बदलते हैं। उदाहरण के लिए यदि कोई पूरी ऊर्जा के साथ आप से बात कर रहा है, गंभीर टोन में बात कर रहा है या थोड़ा रीलैक्स अंदाज में तो उसी तरह आप अपने टोन और हाव-भाव को बदलें। ऐसा करने से इंटरव्यूअर के साथ आपका तालमेल अच्छा बैठ जाता है।

हालाँकि ये तरीक़ा थोड़ा सा ट्रिकी हो सकता है क्योंकि अगर सामने वाले के भाव आपके व्यवहार के एकदम विपरीत है तो आप मिररिंग करते हुए नकली लग सकते हैं। इसलिए इस बात का ध्यान रखें कि उन्हीं भावों को मिरर करें जो आत्मविश्वास और सकारात्मकता दिखाए। कुछ मामलों में आपको इंटरव्यू लेने वाले बेहद ढीले और नकारात्मक लोग भी मिल सकते हैं। इतने समझदार तो आप हैं ही कि ऐसे लोगों को मिरर नहीं करेंगे।

कहना यह है कि इंटरव्यू में आप ऊर्जा और आत्मविश्वास से भरे दिखें। जब भी बात करें तो पूरे विश्वास के साथ करें। विश्वास के साथ कही बात में सही बॉडी लैंग्वेज मिल जाए तो आप आत्मविश्वासी नज़र आने लगते हैं। इंटरव्यू में सकारात्मक बॉडी लैंग्वेज की तकनीकें और भी हो सकती हैं, जिन्हें आप लगातार सीखते रह सकते हैं।

याद रखें, प्रभावी बॉडी लैंग्वेज का मतलब दिखावा करना या अभिनय करना नहीं है। इसका मतलब है बातचीत में प्रामाणिक और आत्मविश्वासी रूप में शामिल होना। बॉडी लैंग्वेज को बेहतर करना बहुत कठिन काम नहीं है। अभ्यास व आत्म-जागरूकता के साथ आप इन कौशलों को विकसित कर सकते हैं और साक्षात्कारकर्ता को अपनी वास्तविक क्षमता दिखाने के लिए उनका उपयोग कर सकते हैं।

सूत्र 9 सकारात्मक बॉडी लैंग्वेज जीवन के हर क्षेत्र में आपको सबका प्रिय बना सकती है।

अध्याय
10

ड्रेसिंग एंड ग्रूमिंग

नौकरी में ड्रेस कोड क्यों?

क्या पहना जाए?

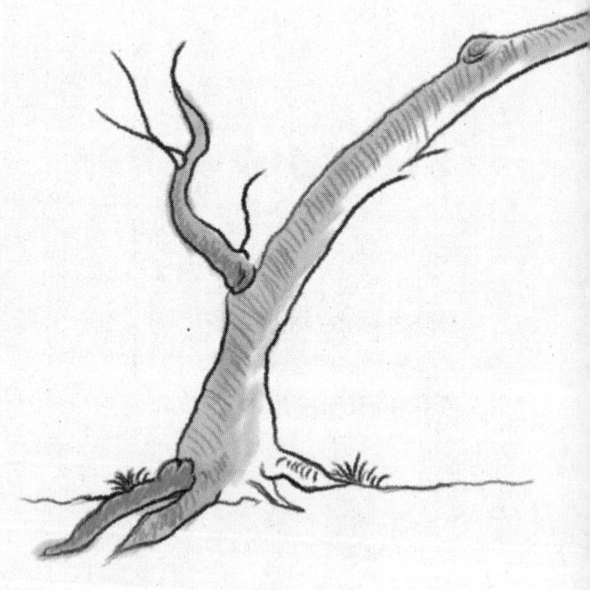

You can have anything you want in life if you dress for it.

- Edith Head

व्यक्ति कपड़ों से नहीं विचारों से सुंदर बनता है। दर्शन के हिसाब से यह बात सत्य है लेकिन व्यावहारिक दृष्टि से अर्धसत्य है। जी हाँ, सुनने में भले अच्छा न लगे लेकिन हम सब की दृष्टि में किसी भी व्यक्ति की पहली छवि उसके पहनावे से बनती है।

किसी व्यक्ति के विचार जानकर उससे प्रभावित होने के लिए इतना समय चाहिए कि आप उसे ठीक से सुन सकें। यदि व्यक्ति आपके सामने कुछ ही पलों के लिए हो तो? सबसे पहले पहनावा, फिर उस व्यक्ति की आवाज एवं बोलने का तरीक़ा हमें प्रभावित करता है। कहे हुए शब्दों का नंबर इसके बाद आता है।

याद करके देखिए कि आप स्वयं पहली नज़र में किस चीज़ से प्रभावित होते हैं? यदि कोई ऐसा व्यक्ति आपसे आकर मिले, जिसने सुंदर ढंग से कपड़े पहने हों, तो क्या आप उसपर विशेष रूप से ध्यान नहीं देते? किसी ऑफ़िस में यदि आप चप्पल, मुड़ी-तुड़ी शर्ट पहनकर अधिकारी के सामने जाएँ तो वह आपको एक नज़र देखकर जल्दी-जल्दी बात पूछेगा या इंतजार करवाएगा। वहीं सलीके से कपड़े पहने हुए व्यक्ति को वह पहले बैठाएगा फिर ध्यान से सुनेगा।

कपड़ों के महत्त्व पर अमरीकी लेखक मार्क ट्वेन का कथन याद आता है- Clothes make the man. Naked people have little or no influence on society. कपड़े आदमी को बनाते हैं, नंगे आदमी का समाज पर कोई प्रभाव नहीं होता।

बचपन के दिन याद करिये। घर पर कोई मेहमान आता था तो क्या उसके पहने कपड़ों के आधार पर उसे नमस्ते कहने का या उससे बात करने का आपका तरीक़ा नहीं बदला था? घर के गेट पर यदि कोई अनजान आदमी अस्तव्यस्त कपड़ों में हो, या कोई तडकीले-भड़कीले कपड़े पहना हो, तो आप उससे पूछते हैं- हाँ भैया क्या चाहिए? लेकिन कोई अच्छे फॉर्मल साफ-सुथरे सुंदर कपड़े पहना अनजान आदमी घंटी बजाए तो क्या आपका पूछने का तरीक़ा वही रहेगा जो पहले था? आपके कपड़े सिर्फ़ आपकी छवि का निर्माण ही नहीं करते। आपका पहनावा आपके प्रति लोगों के व्यवहार को भी प्रभावित करता है।

ऐसा नहीं कि अच्छी ड्रेसिंग सिर्फ़ दूसरे को प्रभावित करने के लिए हैं। आपका पहनावा आपकी स्वयं की सोच और व्यवहार को भी प्रभावित करता है। ऐसा करने पर आपको स्वयं में एक सकारात्मकता महसूस होगी। कपड़े आपके काम के मूड को भी बदलेंगे। जब आप आकर्षक दिखते हैं तो आपका सेल्फ-कॉन्फिडेंस भी बढ़ता है, जिसका प्रभाव प्रॉडक्टिविटी पर पड़ता है।

ऑफिस छोड़िये, घर में ही अगर आप बनियान में बैठे हैं तो आपका मूड अलग होता और आपने टी-शर्ट पहनी है तो आपका मूड अलग होगा। अचानक कोई काम आ जाए तो आपकी फुर्ती में फर्क होगा। यकीन न हो तो कभी आजमा के देखें।

ये तो हुई घर की बातें लेकिन जब बात नौकरी की हो तो हेराल्ड व्रीलैन्ड कहते थे कि “Clothes don’t make a man, but clothes have got many a man a good job.” मार्क ट्वेन के विपरीत हर्बर्ट भले ही यह कहता हो कि कपड़े से इंसान नहीं बनता लेकिन वह इस विचार की

पुष्टि करता है कि कपड़ों की वजह से बहुत से आदमियों को अच्छी नौकरी मिली है।

मान लीजिए आप इंटरव्यू ले रहे हैं। आपके सामने दो ऐसे प्रत्याशी आये जिनकी स्किल और जवाब एक जैसे हैं। अब आप किसे चुनेंगे? उसे जिसने सलीके से कपड़ा पहन था या उसे जिसकी दाढ़ी बेतरतीब थी और कपड़ों पर कोई ध्यान ही नहीं था?

मैं जानता हूँ कि आपके मन में सवाल आ रहा होगा कि क्या हो अगर दोनों ने कपड़े भी सलीके से पहने हों? उसका जवाब भी मैं आपको दूँगा लेकिन आगे के चैप्टर्स में। जैसे गेम में लेवल बढ़ता है वैसे ही इंटरव्यू में भी सेलेक्शन के लिए लेवल बढ़ेगा। अभी हम रिज्यूमे का पहला लेवल पार करके लेवल 2 पर हैं।

पिछले चैप्टर में हमने रिज्यूमे की बात की। आपका रिज्यूमे शॉर्टलिस्ट हो गया और आपको इंटरव्यू के लिए बुलावा आ चुका है। अब तक तो आप समझ ही गये होंगे कि फर्स्ट इम्प्रेशन इसी बात से जमेगा कि आप कैसे ड्रेस-अप होकर गये हैं। जवाब का नंबर तो बाद में आएगा। अब हम अपने मूल प्रश्न पर आते हैं कि इंटरव्यू के लिए कैसे कपड़ों का चयन करें?

प्रसिद्ध फ्रांसीसी कथाकार बालजाक का प्रसिद्ध का कथन है-

"The poor cover himself, the rich or the fool adorns himself, and the elegant man gets dressed."

यानी गरीब ख़ुद को ढकता है, अमीर या मूर्ख ख़ुद को सजाता है, और सुंदर एवं शिष्ट आदमी तैयार होता है। यहाँ पर बालजाक का तात्पर्य मौक़े के अनुसार सुरुचिपूर्ण तरीक़े से कपड़ों का चयन करके तैयार होना है।

क्या हों वे कपड़े, जो अच्छे लगें? क्या ये कपड़े बहुत महँगे होने चाहिए? क्या ये डिजाइनर या भड़कीले हों? अच्छे से ड्रेस-अप होने का अर्थ महँगे या

भड़कीले कपड़े पहनना नहीं, बल्कि ऐसे कपड़ों और रंगों का चयन करना है, जो आँखों को सुकून दे और आपके व्यक्तित्व को और अधिक आकर्षक बनाये।

क्या पहना जाए?

कुछ फिक्स ड्रेस कोड और कलर कॉम्बिनेशन हैं, जिनकी हम बात करेंगे लेकिन इसके अतिरिक्त कुछ और बातों का ध्यान रखना आवश्यक है।

एक सामान्य धारणा है कि कस्टमर फेसिंग काम, जैसे सेल्स, वकालत, बैंकिंग, होटल इत्यादि में फॉर्मल कपड़े पहने जाते हैं, वहीं टेक कंपनी या क्रिएटिव फील्ड में कैज़ुअल कपड़े चलते हैं। आपने सुना ही होगा कि अपवाद हर जगह होते हैं, इसलिए किसी इंटरव्यू के लिए जाने से पहले कंपनी के कल्चर के बारे में रिसर्च कर लीजिए। कई कंपनियाँ हर कर्मचारी से फॉर्मल कपड़े पहनने की उम्मीद करती हैं चाहे वह सेल्स में हो, फाइनेंस में हो या फिर क्रिएटिव में। मैं ऐसी कुछ टेक कंपनियों को जानता हूँ जहाँ कुछ डिपार्ट्मेंट फॉर्मल ही पहनते हैं और कुछ को स्मार्ट कैज़ुअल की ही इजाजत है।

यदि आपको रिसर्च में ड्रेसिंग कल्चर का न पता लगे तो फॉर्मल पहन कर जाइए। एक फॉर्मल ड्रेस हमेशा कैज़ुअल के मुकाबले सुरक्षित है- कंपनी कोई भी हो, कल्चर कुछ भी हो।

फॉर्मल कपड़े पहनें या कैज़ुअल, कोशिश करें कि भड़कीले न हों। अपने स्कूल की ड्रेस याद है? कैसे फ्लैट और न्यूट्रल रंग हुआ करते थे? मेरे स्कूल की ड्रेस थी- नीली पैंट और सफेद शर्ट। किसी स्कूल में ब्लू शर्ट, खाकी पैंट होती थी, किसी में सफ़ेद। *आपकी स्कूल ड्रेस का रंग क्या था यह आप सोशल मीडिया पर हमें टैग करके बताइयेगा।* स्कूल में ये रंग बोरिंग लगता था लेकिन इन्हीं रंगों से मिलते जुलते रंग फॉर्मल में ठीक लगते हैं। ब्लू के शेड्स, सफेद, ग्रे, काला, डार्क ब्राउन, नेवी ब्लू... ये कुछ रंग हैं जिनका कॉम्बिनेशन स्वीकार्य रहता है। ऊपर और नीचे के कपड़ों में कंट्रास्ट पुरुषों

के लिए अच्छा है। महिलाओं में भी, यदि उन्होंने पेंट-शर्ट या ब्लेज़र पहना हो। लड़कों के मामले में लाइट कलर की शर्ट और डार्क पैंट या इसका उलट जमता है।

फिट और क्वालिटी का भी ध्यान रखें क्योंकि सबका शरीर फिट हो ये ज़रूरी नहीं। बहुत चुस्त और बहुत ढीले कपड़े अच्छे नहीं लगते। यदि आपकी एथलेटिक या जिम बॉडी है तब ही स्लिम फिट कपड़े पहनें अन्यथा रेगुलर फिट सुरक्षित विकल्प है। जब हम क्वालिटी की बात कर रहे हैं तो यहाँ भी ब्रांड से अधिक उसके लुक पर ध्यान दें, कपड़े इस्त्री किये हों और उनपर कोई दाग न हो।

एक्सेसरीज़ का न्यूनतम इस्तेमाल करें। गले से बाहर लटकती मोटी चेन, फंकी रिस्ट बैंड अच्छा इम्प्रेशन नहीं छोड़ते। महिलाओं के मामले में हल्का मेकअप, सोबर ज्वेलरी इन्टरव्यू में ठीक लगता है। कुल मिलाकर एक्सेसरीज़ जो भी इस्तेमाल करें वह बहुत फ्लैशी न हो। हाँ, आप किसी फैशन ब्रांड के लिए जा रहे हों तो बात और है। तेज़ पर्फ्यूम या डियो से बचें, लेकिन ऐसा भी न हो कि पसीने की गंध इंटरव्यूअर को नाक पर रुमाल रखने को मजबूर करे। सोबर और लाइट फ्रेग्रेंस वाले डियो या पर्फ्यूम का इस्तेमाल करें। लाइट फ्रेग्रेंस का डियो या पर्फ्यूम इंटरव्यू रूम का माहौल थोड़ा खुशनुमा बना देगा।

मैं उम्मीद करता हूँ कि आप स्कूल के दिन तो भूले नहीं होंगे, जब जूते पर पॉलिश और नाखून चेक होते थे। यहाँ कोई चेक नहीं करेगा लेकिन गंदे, लंबे नाखून देखना किसी को ठीक नहीं लगेगा। हमेशा अच्छे फॉर्मल जूते पहनकर जाएँ, पर्सनल ग्रूमिंग पर ध्यान दें। अगर पुरुष हैं तो दाढ़ी बनी हो, दाढ़ी रखते हों तो वह सेट करायी हुई हो। महिलायें बालों को ट्रडिशनल तरीक़े से ही बनाएँ- चाहे खुला रखें या बाँध लें।

यदि इंटरव्यू में आप सूट पहनकर जाएँ तो अधिक प्रोफेशनल दिखेंगे। अब हम सूट के हिसाब से कपड़ों के रंग और उनके कुछ ऐसे कॉम्बिनेशन पर बात करेंगे जो क्लासिक और न्यूट्रल टोन के होकर भी एलिगेंट और प्रोफेशनल दिखते हैं।

- नेवी ब्लू सूट और सफ़ेद शर्ट एक सदाबहार कॉम्बिनेशन है, जो कभी फेल नहीं होता। थोड़ा पारंपरिक होते हुए भी यह क्लासिक दिखता है। आप सफ़ेद की जगह लाइट ब्लू शर्ट भी पहन सकते हैं।
- चारकोल ग्रे सूट अथॉरिटी और एलिगेंस का परिचायक है। इसे लाइट ब्लू या सफ़ेद शर्ट के साथ पेअर करके पहन सकते हैं।
- ब्लैक सूट कपड़ों का आलू है। यह सभी तरह की शर्ट पर चल जाता है, चाहे वह लाइट कलर हो या डार्क। ब्लैक के साथ डार्क का सुझाव वैसे मैं पार्टी में पहनने के लिए दूँगा। यदि इंटरव्यू के लिए जा रहे हैं तो ब्लैक सूट पर लाइट ग्रे शर्ट पहनें। क्रीम कलर या लाइट ब्लू शर्ट भी अच्छा लगेगा।
- चूँकि ब्लू बहुत पहना जाता है इसलिए आप डार्क ब्राउन सूट का भी चयन कर सकते हैं। इसके साथ आइवरी या ऑफ व्हाइट रंग की शर्ट फबेगी।
- यदि सफ़ेद ब्लू से बोर हो गये हों तो थोड़ा डेयरिंग कर सकते हैं- ग्रे सूट के साथ हलके पिंक कलर की शर्ट भी पहन सकते हैं। और अब आता है मेरा पसंदीदा कलर कॉम्बिनेशन:
- नेवी ब्लू ब्लेज़र के साथ खाकी पैंट मेरा पसंदीदा कॉम्बिनेशन है। इसके साथ शर्ट सफ़ेद या लाइट ब्लू सही जाती है। पहली बार मैंने इस कॉम्बिनेशन को किसी हॉलीवुड फिल्म में देखा, उसके बाद क्रिकेट ग्राउंड पर एक कमेंटेटर को, तब से ये मेरा आल टाइम फेवरेट है।

आप कहेंगे कि भारत में इतनी गर्मी होती है, सूट पहन कर जाना हमेशा संभव नहीं। अगर हम सिर्फ़ शर्ट-पैंट की बात कर रहे हैं तो मैं पहले बता चुका हूँ कि कंट्रास्ट के रंग हमेशा टॉप और बॉटम में चलेंगे, फिर भी आपकी सुविधा के लिए कुछ सदाबहार कॉम्बिनेशन आपको बताता हूँ, जो आपके व्यक्तित्व को आकर्षक बनाएँगे:

नेवी ब्लू पैंट और सफ़ेद शर्ट। लाइट ब्लू शर्ट के साथ डार्क ब्लू, ब्लैक या ग्रे पैंट। लाइट पिंक शर्ट के साथ खाकी पैंट। मैरून शर्ट के साथ ओलिव ग्रीन पैंट। पर्पल शर्ट के साथ बीज़ कलर की पैंट। डार्क ब्लू शर्ट के साथ लाइट ग्रे या क्रीम टोन की पैंट का कॉम्बिनेशन भी बेहतर होगा।

लड़कियां यदि सूट या पैंट-शर्ट पहन रही हैं तो ये कॉम्बिनेशन उनके लिए भी बेहतर रहेगा। लड़कियों के मामले में टॉप के लिए पेस्टल कलर भी शानदार लुक देता है। यदि आप सलवार-सूट या साड़ी पहन रही हैं तो ध्यान रहे कि वह भी कोई एलीगेंट रंग हो। सलवार-सूट और साड़ी के मामले में लड़कियों के पास और भी अधिक रंगों को एक्स्प्लोर करने का चॉइस है। बस इतना ध्यान रखें कि कुछ भी ज़्यादा चमकदार न हो।

पुरुष हों या महिला, जो कॉम्बिनेशन हमने ऊपर बताये, ये क्लासिक कॉम्बिनेशन हैं। इसका अर्थ यह नहीं कि आप कुछ और नहीं चुन सकते बस इतना ध्यान रखें कि आप जो भी कॉम्बिनेशन लें वह आपके व्यक्तित्व और बॉडी टाइप से मेल खाये। इस सन्दर्भ में मशहूर इटालियन फैशन डिजाइनर जिआनी वर्साचे कहते हैं- "फैशन को अपने ऊपर हावी मत होने दीजिये, लेकिन तय करिये कि आप क्या हैं और अपनी ड्रेसिंग के ज़रिए ख़ुद के बारे में क्या कहना चाहते हैं।"

हमने इतने कॉम्बिनेशन की बात की लेकिन एक-दो महत्त्वपूर्ण मुद्दों पर बात अभी बाकी है। सबसे पहले जूतों और बेल्ट के बारे में। फॉर्मल में ब्लैक और ब्राउन जूते ही प्रचलित हैं। यदि आपने ब्राउन जूते पहने हैं तो आपकी बेल्ट भी ब्राउन ही हो और काले जूते हैं तो बेल्ट भी काली हो। ये ऐसा

कॉम्बिनेशन है जिस पर कई बार हम ध्यान नहीं देते लेकिन जब हमें कोई थोड़ा दूर से देखता है तो गलत कॉम्बिनेशन आँखों में अखरता है। एक अन्य महत्त्वपूर्ण बात, जूतों के मामले में कभी कंजूसी न करें। जूते हमेशा अच्छी डिजाईन और क्वालिटी के लें। जूतों पर निवेश करें क्योंकि ख़राब जूते अच्छी ड्रेस का मजा बिगाड़ देंगे। ब्रिटिश फैशन डिज़ाइनर हार्डी एमीज कह गए हैं-

"It is totally impossible to be well-dressed in cheap shoes."

अब इस चैप्टर का आखिरी हिस्सा- टाई। प्रोफेशनल अटायर की बात हो तो सूट और टाई सबसे पहले ध्यान में आता है। इंटरव्यू में एक ज़माने में टाई पहनकर ही लोग जाते थे लेकिन धीरे-धीरे यह बात पुरानी हुई। आजकल टाई पहनना ज़रूरी नहीं रहा लेकिन यदि आप टाई पहनते हैं तो यह निश्चित तौर पर प्रोफेशनल लुक देगा। इंटरव्यू में टाई पहनें या नहीं, यह निर्णय लेने के लिए वही पुराना फ़ॉर्मूला अपनाएं- कंपनी कल्चर के बारे में रिसर्च। यदि आपको कुछ पता न लगे तो टाई पहनने में हर्ज नहीं। यदि आप सेल्स-मार्केटिंग के लिए या सर्विस इंडस्ट्री, जैसे बैंकिंग, इंश्योरेंस, होटल इत्यादि में इंटरव्यू देने जा रहे हैं तो टाई पहन लेना अच्छा ऑप्शन है। हालाँकि अब बहुत-सी कंपनी सेल्स मार्केटिंग में भी टाई पहनने को नहीं कहतीं।

ऑस्कर वाइल्ड कहते हैं- "A well-tied tie is the first serious step in life." मैं इस बात को नहीं मानता लेकिन यह कहता हूँ कि अगर आपने टाई पहनी है तो उसे हल्के में न लीजिए। उसे पहनते वक्त भी उतना ही ध्यान रखिए जितना कपड़ों और जूतों के चयन में।

यदि आप टाई पहनकर जा रहे हैं तो कुछ खास बातों का ध्यान रखें। जूतों की तरह टाई भी अच्छी हो, जो आपके कपड़ों से मेल खाये। टाई बाँधने से पहले सूट के कलर कॉम्बिनेशन को जरूर मैच कर लें। सूट पहनने के बाद कॉम्बिनेशन के कलर वाली टाई लगाएँ। वहीं चारकोल सूट, डार्क नेवी सूट और व्हाइट सूट पर आप किसी भी कलर की टाई कैरी कर सकते हैं। यदि सूट नहीं है तो कलर कॉम्बिनेशन आपकी शर्ट के हिसाब से हो।

टाई का चुनाव करने से पहले उसकी चौड़ाई भी अच्छी तरह से जाँच लें और सूट से मैचिंग वाली टाई ही कैरी करें।

टाई की सही नॉट बाँधना बहुत आवश्यक है। यदि आपकी नॉट ठीक नहीं है तो वह टाई व्यक्तित्व में चार चाँद लगाने की बजाय मजा किरकिरा कर देगी। आप टाई की नॉट बाँधना नहीं जानते तो किसी से बँधवा लें या इन्टरनेट पर देखकर सीख लें।

टाई बाँधते समय उसकी लम्बाई का ध्यान रखें। टाई की लम्बाई बेल्ट के बकल के बराबर होनी चाहिए। टाई का आखिरी नुकीला हिस्सा बेल्ट बकल से नीचे नहीं जानी चाहिए, बकल के बीच में हो तो सबसे बढ़िया क्योंकि बकल से छोटी या बड़ी टाई आपके आउट-फिट पर अजीब लगेगी।

टाई लगाने के लिए सिर्फ़ कलर और लम्बाई ही काफी नहीं है। टाई चूँकि कम इस्तेमाल होती है इसलिए लोग उसकी सफाई पर ध्यान नहीं देते। टाई बाँधने से पहले सुनिश्चित कर लें कि आपकी टाई गंदी न दिखे और इस पर रिंकल न पड़ें। साथ ही टाई उतारने के बाद इसकी नॉट खोलना न भूलें।

मैं पुनः कहता हूँ, आपका पहनावा आपके व्यक्तित्व और आपकी सोच को ही नहीं आपके प्रति सामने वाले के व्यवहार को भी प्रभावित करता है इसलिए इंटरव्यू में कपड़ों के चयन में सावधानी बरतें। आपका पहनावा हमेशा लोगों को याद रहता है और आपके जवाबों के साथ अगर सही ड्रेसिंग का कॉम्बिनेशन बन गया तो सफलता आपके पास है।

सूत्र 10 भद्रता तड़क-भड़क में नहीं, सादगी में है।

अध्याय
11

कम्युनिकेशन स्किल

भाषा ज्ञान

विषय ज्ञान

अभिव्यक्ति शैली

मौखिक संवाद

लिखित संवाद

पारस्परिक संवाद

अंग्रेजी में सोचो

COMMUNICATION is your ticket to success if you pay attention and learn to do it EFFECTIVELY

-Theo Gold

प्रोजेक्ट बड़ा था और पिचिंग के समय सिर्फ़ 48 घंटे थे। इतने कम समय में रिसर्च करना, पिच डॉक्यूमेंट तैयार करना आसान नहीं था। बॉस की नज़र में इस काम को करने के लिए एक ही आदमी था- अक्षय। बॉस ने अक्षय को बुलाया और प्रोजेक्ट की पूरी ब्रीफ देते हुए पिच डॉक्यूमेंट बनाने को कहा। अक्षय ने जी-जान लगाकर डॉक्यूमेंट बना दिया। सुबह उसने पूरी टीम और बॉस के सामने पिच डॉक्यूमेंट प्रस्तुत किया।

बॉस ने उस डॉक्यूमेंट की कॉपी सूर्यांश को खिसकाते हुए कहा कि एक बार देखो इसे। अक्षय का दिल जल उठा। जलना ही था क्योंकि अक्षय का मानना था कि उसके बॉस पक्षपाती हैं। वह सूर्यांश का पक्ष लेते हैं और उसे ज़्यादा अच्छे मौके देते हैं। सूर्यांश अक्षय की तरह कभी कोई रिपोर्ट या डॉक्यूमेंट नहीं बना सकता, इसके बावजूद बॉस ने उसे डॉक्यूमेंट देखने को कहा। ऐसा कई बार हुआ, जब अक्षय को लगा कि बॉस ने सूर्यांश को उसके मुकाबले हमेशा सामने आने का ज़्यादा मौक़ा दिया है। लेकिन इस बार हद हो गयी। अगले दिन जब अक्षय ऑफिस पहुँचा तो उसे पता चला बॉस सूर्यांश को लेकर पिचिंग के लिए जा चुके थे। अक्षय के तैयार डॉक्यूमेंट पर पिचिंग सूर्यांश कर रहा था।

अक्षय ने उस दिन गुस्से में इस्तीफ़ा दे दिया। अगले दिन बॉस ने अक्षय को साथ बिठाया। बॉस ने अक्षय की रिपोर्ट की तारीफ की और सूर्यांश के प्रेजेंटेशन की। बॉस ने अक्षय को फीडबैक दिया कि उसका written communication बहुत अच्छा है। ईमेल हो, रिपोर्ट हो, प्रेजेंटेशन हो या कुछ और अक्षय कम शब्दों में बहुत स्पष्टता से उसे बता देता है। लेकिन जब बात बोलने की हो तो वह अपनी ही बात को उतने प्रभावी ढंग से नहीं कह पाता। अक्षय का verbal communication उस स्तर का नहीं है। अक्षय की एक और कमी, जो बॉस ने बताई, वह थी- Interpersonal communication skills. अक्षय लोगों से बात करने और संबंध बनाने में भी कमजोर था। वहीं सूर्यांश written communication में कमजोर था, लेकिन वर्बल और इंटरपर्सनल स्किल में माहिर था। इसलिए बॉस ने प्रेजेंटेशन में सूर्यांश की मदद ली और पिच डॉक्यूमेंट के लिए अक्षय की। अक्षय समझ गया था कि उसे अब क्या करना है। उसने इस्तीफ़ा वापस लिया और अपनी कम्युनिकेशन स्किल पर काम करना शुरू किया। सूर्यांश को भी रिटेन स्किल के लिए फीडबैक मिला, जिसपर उसने ध्यान देना शुरू किया।

कॉर्पोरेट में निकलने वाली नौकरियों में 'गुड कम्युनिकेशन स्किल' ऐसा शब्द है, जो हर प्रोफाइल, हर अनुभव के साथ जुड़ जाता है। अक्षय और सूर्यांश का जो अनुभव है, वह हम में से बहुतों का रहा होगा। इन दोनों के अनुभव से हम यह भी समझ चुके हैं कि कम्युनिकेशन स्किल का अर्थ सिर्फ़ बोलना नहीं है। यह मौखिक, लिखित दोनों रूपों में आता है, साथ ही ऑफिस में आपसी रिश्तों को बनाने के लिए पारस्परिक संवाद भी बेहद ज़रूरी है।

अच्छे संवाद के लिए 3 बेहद महत्त्वपूर्ण बिंदु हैं: भाषा का ज्ञान, विषय का ज्ञान एवं अभिव्यक्ति की शैली। लिखित या मौखिक संवाद को सुधारने की तकनीकें हैं लेकिन ये तीनों बातें उन तकनीकों के इस्तेमाल के लिए आधार बनाती हैं।

भाषा ज्ञान

बिना भाषा के कैसा संवाद? भाषा-ज्ञान के लिए पढ़ना बेहद ज़रूरी है। आप किताबों को पढ़ने की आदत बनायें। उपन्यास पढ़ें, कहानी पढ़ें, नॉन फिक्शन पढ़ें, लेख पढ़ें। हर वो चीज़ पढ़ें, जो आपको विभिन्न तरह की लेखन शैली और भाषा को समझने में मदद करे। आपकी शब्दावली बढ़ेगी, वर्तनी सुधरेगी।

विषय ज्ञान

विषय ज्ञान के लिए भी पढ़ना ही सबसे आवश्यक है। आप जिस भी फील्ड से जुड़े हैं, उससे सम्बंधित किताबें और लेख पढ़ें। आजकल तो इन्टरनेट के युग में वेबसाइट को सब्सक्राइब करके आप सीधे ईमेल में लेख पा सकते हैं। इससे आप नवीनतम जानकारियों से जुड़े रहेंगे और ऑफिस में बात करते वक़्त इस जानकारी का इस्तेमाल अपनी पर्सनल ब्रांडिंग और कंपनी की बेहतरी के लिए कर सकते हैं।

अभिव्यक्ति शैली

आप चाहे लिखें या बोलें, आपकी अभिव्यक्ति की शैली ही आपकी पहचान बनाएगी। आप कॉर्पोरेट लीडर, मोटिवेशनल स्पीकर्स, फिल्म मेकर्स आदि के भाषणों और इंटरव्यू को सुनें, इनके लेखों को पढ़ें। बोलते वक्त वह अपनी बात कैसे शुरू करते हैं, कैसे उसे मुख्य मुद्दे से जोड़ते हैं, कहाँ रुकते हैं, कहाँ शब्द पर जोर देते हैं, इन सब पर ध्यान दीजिए। इसी तरह उनके लेखों में भी आप पाएंगे कि वह किस तरह से वाक्यों को रचते हैं, क्या फॉर्मेट इस्तेमाल करते हैं, कैसे शब्दों का चयन करते हैं।

अब हम उन कुछ तकनीकों की चर्चा करते हैं जिनकी प्रैक्टिस से आप अच्छे मौखिक और लिखित दोनों संवाद में बेहतर हो पाएंगे।

मौखिक या वर्बल कम्यूनिकेशन

अगर आप किसी के सामने कोई आईडिया या समाधान प्रस्तुत करते हैं तो प्रायः तीन प्रकार से जवाब मिलते हैं। पहला, वह व्यक्ति आईडिया पर स्पष्ट विचार न बना पाये। दूसरा, वह व्यक्ति आईडिया को पूरी तरह से नकार दे। तीसरा, व्यक्ति पूरी बात सुनकर फीडबैक दे, उसकी कमियाँ व खूबियाँ बताये और उसकी सफलता-असफलता की संभावनाओं पर बात करे।

आप तीनों में से किसे पसंद करेंगे? मुझे उम्मीद है आपका जवाब होगा- तीसरा व्यक्ति। हम किस प्रकार से अपनी बात को रखते हैं वह नौकरी एवं व्यक्तिगत रिश्ते को तो प्रभावित करता ही है, व्यक्तित्व को भी बेहतर बनाता है। हम तीसरे व्यक्ति का उदाहरण लें तो उसने पूरी बात सुनी, एक अच्छे टोन में आपको अपनी बातों को बिंदुवार स्पष्ट तरीक़े से समझाया। वर्बल कम्युनिकेशन के लिए यह सब प्रमुख कारक हैं। निम्नलिखित बिन्दुओं को ध्यान में रखकर आप अपनी वर्बल कम्युनिकेशन को सुधार सकते हैं।

- **सुनने की आदत विकसित करें:** जी हाँ, एक अच्छा वक्ता बनने के लिए सुनना बहुत ज़रूरी है। यदि आप एक अच्छे श्रोता नहीं हैं तो संभव है कि आप सामने वाले की बात ही गलत समझ लें। जब आप बात को ठीक से सुनेंगे तभी अपने विचारों को ज़्यादा स्पष्टता से रख पाएंगे। बोलने वाले को कभी बीच में मत रोकिए। हाँ, अगर आपको उनका कोई वाक्य स्पष्ट नहीं हुआ तो उसके लिए दुबारा पूछ सकते हैं।

- **जवाब देने की या बोलने की हड़बड़ी न करें:** बात को सुनें, उसे समझें प्रोसेस करें और फिर सोचकर जवाब दें। हम कई बार बोलने की हड़बड़ी में होते हैं जिसकी वजह से बातों को समझने में गलती हो सकती है या जल्दी बोलने की हड़बड़ी में आप कुछ और बोल सकते हैं।

- **वॉयस मॉड्युलेशन एवं टोन:** आप किस जगह बात कर रहे हैं उसके आधार पर आपको टोन और आवाज़ की मॉड्युलेशन को बदलना है। अगर किसी से व्यक्तिगत बात करनी है तो मधुर आवाज़ रखना व थोड़ा धीमा बोलना, अगर किसी नये प्रोजेक्ट की चर्चा करनी है तो थोड़ा तेज़, ऊँचा और आत्मविश्वास भरा टोन काम करेगा। किसी समस्या पर बात करते हुए थोड़ा ठहरकर शांत लहजे में अपने शब्दों को रखें।

  जिस तरह की भावना आप व्यक्त कर रहे हैं उसी भावना के अनुरूप आपको अपनी वॉयस मॉड्युलेशन और टोन को समायोजित करना होगा। बोलने की गति और ठहराव (पॉज) का भी सफल कम्युनिकेशन में बड़ा महत्त्व है। आपकी गति इतनी तेज़ न हो कि शब्द आपस में गडमड हो जाएं। जब कोई महत्त्वपूर्ण बात कहनी हो तो एक पॉज लेकर उसे शुरू करना लोगों का ध्यान आकर्षित करता है। ध्यान रहे पॉज लें लेकिन इतना लंबा नहीं कि लोग अगले शब्द का इंतजार ही करते रह जाएं।

- **प्रतिध्वनि:** इसका अर्थ हुआ कहने वाले की बात को दोहराना। जब भी हम किसी से महत्त्वपूर्ण विषय पर बात करें तो उसके सार को एक बार दोहरा दें या ऐसे कहें कि जो मैं समझ पाया हूँ वह यह है कि...। ऐसा करने से 3 फायदे हैं। आपने सामने वाले को यह संदेश दिया कि आपने उसकी बात सुनी और समझी है। दूसरा, यदि आपसे समझने मे गलती हुई है तो सामने वाला आपको ठीक करेगा और संभवतः कुछ अतिरिक्त सूचना भी दे। तीसरा, इस सब में आपको सोचने और प्रोसेस करने का समय मिल जाएगा और आप अपनी बात को प्रमुखता से कह सकेंगे।

- **केंद्र बिंदु:** आप जिस भी विषय पर बात करना चाहते हैं, उसका केंद्र बिंदु क्या है? आपको अपनी स्क्रिप्ट की संरचना उसी केंद्र बिंदु के इर्द-

गिर्द करनी है। उतनी ही सूचना दी जानी चाहिए जो आपके विषय पर ध्यान केंद्रित रखे। कई बार अधिक सूचना देना आपके क्लाइंट या मैनेजमेंट को मूल मुद्दे से भटका सकता है।

- **ब्रोकन रिकॉर्ड तकनीक:** बातचीत में कई बार ऐसा होता है कि सामने वाला आपकी बात को बार-बार काटे या मुद्दे को भटकाने का प्रयास करे। ऐसी स्थिति में ब्रोकन रिकॉर्ड तकनीक का इस्तेमाल करना चाहिए। आपको याद है पुराने ज़माने में जो रिकॉर्ड होते थे वो अगर कहीं टूट जाए तो मशीन बार-बार गाने की उसी लाइन को बजाती थी। ब्रोकन रिकॉर्ड तकनीक भी वैसे ही है। इस तकनीक में वक्ता अपनी बात को दृढ़ता के साथ रखता है और भटकते मुद्दे को पुनः अपने विषय के केंद्र बिंदु पर लाकर रखता है। एक सफल कम्युनिकेशन वही है जिसमें कम्यूनिकेटर अपनी बात को पूरा करे।

- **हास्य और कहानी:** मीटिंग की गंभीरता को थोड़ा हल्का करने और लोगों से जुड़ने के लिए हास्य का इस्तेमाल उचित रहता है। हास्य कठिन काम है इसलिए प्रैक्टिस करें। हास्य का सबसे अच्छा तरीक़ा है रोजमर्रा के जीवन में होने वाली अजीब चीज़ों को अपनी बातों से जोड़ना। अगर बात प्रेजेंटेशन या नये प्रॉडक्ट लॉन्च की हो तो कहानी के रूप में अपनी बात कहना मददगार होगा।

- **लेवलिंग:** जिस भी मीटिंग में हैं उस मीटिंग में मौजूद लोगों के हिसाब से स्वयं की पिच को ऊपर या नीचे करें। यह महत्त्वपूर्ण है कि आपकी बात लोगों की समझ में आये। यदि सीनियर मैनेजमेंट की मीटिंग है तो आपको ज़्यादा से ज़्यादा फैक्ट्स और बिन्दुओं में बात करनी चाहिए। यदि जूनियर या कम अनुभवी टीम के साथ बैठते हैं तो उनको समझाने के लिए आप ख़ुद को उनकी जगह पर रखिए और सोचिए क्या कहने से इन्हें आपकी बात स्पष्टता से समझ आएगी।

- **इमोशनल इंटेलिजेंस:** अपनी और दूसरों की भावनाओं को समझना कम्युनिकेशन के लिए बहुत आवश्यक है। अपनी भावनाओं को पहचानने के लिए अपनी क्रियाओं पर पुनर्विचार करें। इससे आत्म-जागरूकता आएगी। गुस्से में प्रतिक्रिया करने के बजाय सोच-समझकर जवाब दें। बातचीत में धैर्य और समझ को बढ़ायें।

- **बॉडी लैंग्वेज:** बिना कहे ही कहना सिर्फ़ बॉडी लैंग्वेज से संभव है। इस बिंदु के महत्त्व के बारे में हम पिछले चैप्टर में विस्तार से पढ़ चुके हैं अतः मैं उसकी पुनरावृत्ति यहाँ नहीं करूंगा।

लिखित संवाद

नौकरी में यह असंभव है कि आप सिर्फ़ बोलें, काम का एक बड़ा हिस्सा लिख कर व्यक्त किया जाता है, चाहे वह ईमेल हो, प्रपोज़ल डॉक्यूमेंट, रिपोर्ट हो, प्रेजेंटेशन हो, इसके लिए रिटन कम्यूनिकेशन या लिखित संवाद का बेहतर होना आवश्यक है वर्ना अर्थ का अनर्थ हो सकता है। यदि आप किसी उद्देश्य से ऑफ़िस में कुछ लिख रहे हैं तो इन बातों का ध्यान रखें:

- **टारगेट ऑडियंस:** टीम मेम्बर, बॉस, टॉप मैनेजमेंट, या क्लाइंट, आप किसे लिख रहे हैं। आपकी ईमेल की भाषा हो या प्रपोजल डॉक्यूमेंट, भाषा आपके टारगेट ऑडियंस के अनुसार बदलेगी। आपको समझना होगा कि किस टारगेट ऑडियंस की क्या ज़रूरत है और आपका डॉक्यूमेंट उनकी ज़रूरतों को पूरा कर रहा है या नहीं।

- **संरचना:** कहाँ से शुरू होगा, क्या-क्या सूचना दी जाएगी, किन शब्दों और वाक्यों का प्रयोग होगा, यह सब भी आपके टारगेट ऑडियंस पर निर्भर करेगा। मान लीजिये कि आप एक प्रॉडक्ट मैनेजर हैं और आपको अपने मैनेजमेंट को एक नये प्रॉडक्ट के लिए पिच करना है तो आपको पहले एक 'प्रॉब्लम स्टेटमेंट' देना होगा और फिर उसके

समाधान में जो प्रॉडक्ट आप प्रस्तावित कर रहे हैं, उसकी बात होगी। उस प्रॉडक्ट को बनाने के लिए लगने वाली टीम, खर्च और समय का अनुमान, उसका क्लाइंट कौन हो सकता है और आप कितना रेवेन्यु उससे कमा सकते हैं, यह बताएँगे।

अब प्रॉडक्ट बन गया है और आपको पूरी टीम को बताना है। आप टीम को प्रॉब्लम स्टेटमेंट के साथ प्रॉडक्ट के फायदे बताएँगे, संभावित क्लाइंट के बारे में लिखेंगे और साथ ही इसकी बाज़ार में कीमत कितनी होगी यह बताएँगे। क्लाइंट नये प्रॉडक्ट पर शंका करेगा इसलिए आप उन शंकाओं का समाधान करते हुए एक FAQ भी सेल्स टीम को देंगे। जब आपको यही प्रॉडक्ट क्लाइंट को पिच करना है तो आप उसे यह समझाएंगे कि किस प्रकार यह प्रॉडक्ट उसके लाभ को और अधिक बढ़ाएगा।

आप देखिये कि हर मौके पर टारगेट ऑडियंस के अनुसार डॉक्यूमेंट की संरचना बदली है।

- **सरल रखिए:** हम लोग जब लिखने बैठते हैं तो कई बार हम में शेक्सपियर की आत्मा आ जाती है। हम चाहते हैं कि ईमेल या रिपोर्ट में ऐसे शब्दों और वाक्यों का इस्तेमाल करें कि लोग दातों तले ऊँगली दबा लें। प्रोफेशनल दुनिया में शेक्सपियर नहीं होना है। अपनी चीज़ों को सरल रखना है। जितना सरल आप लिखेंगे उतना ही आपकी रिपोर्ट का प्रभाव होगा। सरल का अर्थ यह नहीं कि अच्छे शब्दों का प्रयोग न करें। बस प्रयास करें कि भाषा सरल और छोटे वाक्य हों।

- **स्पेल चेक, ग्रामर एवं प्रूफ़रीडिंग:** एक वाक्य में गलत वर्तनी और व्याकरण चावल में कंकड़ की तरह होता है इसलिए लिखने के बाद इन दोनों को देखें और प्रूफ़रीडिंग करें। बिना प्रूफ़रीडिंग के कभी कोई डॉक्यूमेंट न भेजें, न ही ईमेल।

- **अपने लिखे को पढ़िए:** जब आप प्रूफ़रीडिंग कर लें तो अपने लिखे को एक बार मन में या ज़ोर से पढ़िए। आपको कई फायदे होंगे। जब आप इसे स्वयं पढेंगे तो आप समझ पाएंगे कि आपका सन्देश स्पष्ट है या उलझा हुआ। यदि वाक्य संरचना गलत हो या प्रूफरीडिंग के बाद भी कुछ छूट गया हो तो उस पर आपकी नज़र चली जाएगी।

लेखन में महत्त्वपूर्ण क्या है? भाषा, प्रवाह, शब्दों का चयन, वाक्य की संरचना, जो कहना चाहते हैं वह स्पष्ट समझ आना... चाहे लेख लिखें, ईमेल लिखें, या कहानी, यही कुछ बातें लिखे हुए को बेहतर बनाती हैं। यदि आप लेखन में कमजोर हैं तो शुरुआत हम लिखने को बेहतर बनाने के तरीक़ों से करते हैं।

- **रोजाना लिखें:** अपने लेखन को बेहतर बनाने के लिए रोज लिखें। आसपास जो कुछ घटित होता दिखे उसे लिखें। इससे आपको नये शब्दों के इस्तेमाल का मौक़ा मिलेगा और वाक्य संरचना बेहतर होती जाएगी।

- **व्याकरण:** व्याकरण लेखन का एक महत्त्वपूर्ण पहलू है, और इसके नियम याद रखना कठिन हो सकता है। आज के युग में हमारे पास बहुत से ऑनलाइन टूल उपलब्ध हैं, जिनसे आप व्याकरण समझ सकते हैं। यूट्यूब पर आपको व्याकरण सिखाने वाले बहुत से विडियोज़ मिलेंगे। उन्हें देखें और सीखें। Grammarly इसी तरह का एक ऐप एवं वेबसाइट है, जो वाक्य संरचना और ग्रामर को बेहतर बनाता है।

- **शब्दावली बढ़ाएँ:** वाक्यों की संरचना बिना शब्दों के नहीं हो सकती। लेखन को रोचक बनाने के लिए आपकी शब्दावली का बढ़ना बेहद महत्त्वपूर्ण है। इसके लिए आपको अधिकाधिक किताबें पढ़नी चाहिए। रोज एक शब्द अपनी डायरी में अर्थ के साथ लिखें और प्रयास करें कि अपनी रोजाना लिखने की प्रक्रिया में उस शब्द का प्रयोग हो। ऐसा करने से आपको वह शब्द याद हो जाएगा और वर्तनी की गलती भी नहीं होगी।

- **पढ़िए:** लिखने के लिए पढ़ना बेहद ज़रूरी है। किताबें, अख़बार, मैगज़ीन इन सबको अपने जीवन का हिस्सा बनाइए। इन सभी माध्यमों से आप वाक्य संरचना, शब्दों का प्रयोग, वर्तनी इन सब से न सिर्फ़ परिचित होंगे बल्कि लगातार पढ़ते हुए आप उसी भाषा में सोचने भी लगेंगे और लिखते वक्त आपकी गति बढ़ जाएगी। जैसा आप लिखना चाहते हैं वैसा पढ़ें।

पारस्परिक संवाद

इंटरपर्सनल कम्युनिकेशन एक लाइफ स्किल भी है। यह आपको न सिर्फ़ नौकरी में बल्कि सामाजिक और पारिवारिक जीवन में भी बेहतर रिश्ते बनाये रखने में मदद करेगी। अच्छी इंटरपर्सनल स्किल आपको ऑफिस में लोकप्रिय बना सकती है, वैसे ही जैसा हमने पर्सनल ब्रांडिंग वाले चैप्टर में अभिनव के मामले में देखा। क्लाइंट्स आपके साथ सहज रहेंगे साथ ही अगली नौकरी पाने में भी मददगार साबित होगी।

इंटरपर्सनल स्किल को बेहतर बनाने की तकनीकों में कुछ ऐसी बातें हैं, जिनका जिक्र हम पहले अन्य कम्युनिकेशन में भी कर चुके अतः यहाँ सिर्फ़ नाम देना ही पर्याप्त होगा। जैसे कि बॉडी लैंग्वेज, अच्छी वर्बल कम्युनिकेशन, अच्छा श्रोता बनना या सामने वाले को पूरा सुनना इत्यादि। इसके अलावा कुछ अन्य बातों का भी ध्यान रखना चाहिए:

- **नये लोगों से बात करें:** किसी पार्टी में जाने पर या दफ्तर में आये नये व्यक्ति या किसी दोस्त के दोस्त से मिलने पर बात करें। आपकी हिचक खुलनी शुरू होगी, साथ ही विभिन्न क़िस्म के लोगों से बात करने से 'एक्सपोजर' मिलेगा। ये ध्यान रखें कि नये व्यक्ति से मिलने पर आप ही न बोलते रहें, उन्हें भी सुनें, उनके कहने के अंदाज़ को समझें।

- **अपने पूर्वग्रहों से मुक्ति पायें:** हम जिस समाज में बड़े होते हैं उसी समाजिक दायरे में हमारे पूर्वग्रह बनते हैं। यह पूर्वग्रह किसी की आर्थिक स्थिति, सामाजिक स्थिति, जाति, रंग-रूप, शहर इत्यादि आधार पर बन जाती है। पूर्वग्रह प्रभावी संवाद की संभावना कमजोर कर देता है। यदि आप पूर्वग्रह से ग्रसित होकर बात करेंगे तो यह आपके संवाद में अपने आप झलकेगा, अतः किसी व्यक्ति से बात करते समय पूर्वग्रहों को दूर करें और खुले मन से विचारों को सुनें और कहें।

- **सकारात्मक तरीक़े से बातचीत शुरू करें:** बातचीत की शुरुआत जितनी सकारात्मक होगी, सामने वाला व्यक्ति उतनी ही रुचि लेगा। अतः नकारात्मक बातों से बचें। यदि कहना आवश्यक हो तो उसे बाद में लायें मगर लंबा न खीचें।

- **व्यक्तिगत मुलाकातें बढ़ाएँ:** ऑनलाइन के दौर में हर व्यक्ति एक वीडियो कॉल, फ़ोन कॉल या व्हाट्सएप्प मेसेज की दूरी पर है। प्रयास करें कि जिन लोगों से आप संबंध बनाना चाहते हैं उनसे व्यक्तिगत तौर पर मिलें और बात करें। व्यक्तिगत तौर पर मिलने से संबंधों में जो ऊष्मा और प्रेम बनता है वह कभी चैट या कॉल से नहीं बन सकता। अगर ऐसा होता तो क्या हम रोज फ़ोन पर बात करने के बावजूद दोस्तों या प्रेमी-प्रेमिका से मिलने जाते?

- **प्रोत्साहित करें:** किसी को बेहतर करते देखें या इसकी कोशिश करते देखें तो उन्हें प्रोत्साहित करें। एक सहायक वातावरण बनाने का प्रयास करें जिससे पारस्परिक विश्वास उत्पन्न होता है।

- **ख़ुद को दूसरों की जगह रखकर सोचें:** किसी भी प्रतिक्रिया से पहले एक बार अपने आपको दूसरे व्यक्ति की जगह पर रखकर देखें। उसके दृष्टिकोण को समझने में आपको सुविधा होगी। सहानुभूति रखें।

- **मुस्कराएँ:** एक खुशमिजाज व्यक्ति हर किसी को पसंद होता है। हम सबको खुश ही देखना चाहते हैं इसलिए तो तस्वीरें खिचाते वक्त मुस्कुराते हैं। मेरा तो यह भी मानना है कि कोई भी व्यक्ति मुस्कुराते वक्त ही सबसे ज़्यादा सुंदर दिखता है। इसलिए लोगों से मिलें तो मुस्कुराते हुए मिलें।

कम्युनिकेशन स्किल नौकरी के लिए बेहद महत्त्वपूर्ण है और अच्छी कम्युनिकेशन स्किल पाना प्रैक्टिस का मामला है। आप जितनी प्रैक्टिस करेंगे आपकी हर स्किल उतनी ही बेहतर होगी। इस चैप्टर को समाप्त करने से पहले मैं एक और विषय पर थोड़ी-सी बात करना चाहूँगा और वह है- इंग्लिश स्पीकिंग।

अंग्रेजी में सोचो

एक किस्सा सुनाता हूँ। एमबीए के दौरान मेरे सहपाठी और अध्यापक मुझे बहुआयामी व्यक्तित्व का धनी मानते थे। मैं लेखक कैसे बन गया इस पर मुझे आश्चर्य होता है लेकिन मेरे कई क्लासमेट कहते हैं कि उन्हें पता था कि मैं एक दिन किसी क्रिएटिव लाइन में ही जाऊँगा। इसकी वजह संभवतः यह थी कि मैं एक्स्ट्रा-करीकुलर एक्टिविटीज़ में काफी भाग लेता था। दूसरे कॉलेज में प्रतियोगिताओं में जाता था और जीत कर भी आता था। सबसे हँसी-ख़ुशी मिलता था। लगभग पूरे बैच के साथ मेरे संबंध बहुत अच्छे थे। जब मैं समर ट्रेनिंग करके वापस आया तब अपने बैच का इकलौता बच्चा था जिसके पास प्री-प्लेसमेंट ऑफर था। प्री-प्लेसमेंट ऑफर का अर्थ हुआ कि कंपनी ने मुझे कोर्स पूरा होने पर उनके यहाँ जॉइन करने के लिए कह दिया था। कॉलेज में बधाइयों का तांता लगा था।

ऑफर था लेकिन कहते हैं न कि ये दिल मांगे मोर, तो मैंने फाइनल समेस्टर में कॉलेज के प्लेसमेंट में भी बैठना शुरू किया और सबकी उम्मीदों के विपरीत हर कंपनी के प्लेसमेंट में फेल हो गया। मैं ग्रुप डिस्कशन में ही छाँट दिया जाता था, इंटरव्यू तक पहुँचा ही नहीं। मेरे प्लेसमेंट इंचार्ज टीचर

संजय प्रसाद बहुत हैरान और नाराज थे कि 2 साल से लगातार एक्स्ट्रोवर्ट और बोलने वाला लड़का ग्रुप डिस्कशन में कुछ बोल ही नहीं पाता था। मैंने उन्हें कहा कि मुझे इंटरव्यू में बिठा दीजिये सर, मैं इंटरव्यू क्रैक कर लूँगा और वो कहते कि इंटरव्यू तक पहुँचने का पहला कदम ग्रुप डिस्कशन है, उसे तो पार कर।

ऐसा नहीं था कि ग्रुप डिस्कशन में मिलने वाले विषय की मुझे जानकारी न थी। मुझे सब आता था और जो सलेक्ट होते उनसे ज़्यादा आता था लेकिन मैं बोल ही नहीं पाया। इस डिस्कशन में हम लोग रोल नंबर से बैठते थे और मेरे अगल-बगल के रोल नंबर वाले दिल्ली, नोएडा जैसे शहरों के कान्वेन्ट स्कूल के पढ़े हुए थे। मैं जब तक अपने दिमाग में जवाब को अंग्रेजी में ट्रांसलेट करता तब तक वो लोग फटाफट जवाब दे देते।

हिंदी मीडीअम के विद्यार्थी इस समस्या से उलझें तो समझ आता है लेकिन मैं तो इंग्लिश मीडीअम वाला था और मेरी इंग्लिश ठीक थी। फिर दिक़्क़त कहाँ थी? असल में मैं हिंदी में सोचता था। हम हिंदी में सोचते हैं और फिर उसका अनुवाद अपने दिमाग में करके बोलते हैं। यह समस्या मेरी या भारतीय भाषाओं में पढ़ने वालों की ही नहीं बल्कि हर इंग्लिश मीडीअम में पढ़ने वाले की थी, जिनका घरेलू और सामाजिक परिवेश इंग्लिश का नहीं था। इसलिए इंग्लिश आने के बावजूद जब इस तरह की स्थिति आती जहाँ तत्काल जवाब देना हो, वहाँ मेरे जैसे लोग उलझ जाते हैं।

कहा जाता है कि धाराप्रवाह इंग्लिश बोलने के लिए इंग्लिश में सोचो। मुझे वर्षों तक समझ नहीं आया कि अंग्रेजी में कैसे सोचते हैं लेकिन एक दिन यह फ़ॉर्मूला अपने आप क्रैक हो गया। इंग्लिश मीडीअम होने की वजह से ये मेरे लिए आसान था लेकिन हिंदी मीडीअम में पढ़े लोगों के लिए भी यह कोई कठिन काम नहीं है।

हम अपनी मातृभाषा में बात करते वक्त सीधे बिना सोचे वाक्य बोलते हैं, उन्हें मन में नहीं बनाते क्योंकि हमारी भाषा हमारे दिमाग में है। यही

अंग्रेजी के साथ करना है। एक स्क्रिप्ट लिखते वक्त पहली बार ऐसा हुआ कि मेरे दिमाग में पात्र का डायलॉग अंग्रेजी में ही बना, न कि हमेशा की तरह मैंने उसे हिंदी से अंग्रेजी में अनुवाद किया। कैसे हुआ का जवाब फिर वही है-प्रैक्टिस।

मैं किताबें पढ़ता था और पात्रों के डायलॉग को मन में उस भाव से बोला करता था। धीरे-धीरे मैंने इन वाक्यों को जोर से बोलना शुरू किया। यह तरीक़ा आप भी अपना सकते हैं। अंग्रेजी किताबें पढ़ें तो वाक्यों को पात्रों की तरह मन में बोलें। आप पाएंगे कि कुछ महीनों में आपके मन में वाक्य अंग्रेजी में ही बन रहा है।

दूसरा तरीक़ा, जो अधिक मनोरंजक है, वह है अंग्रेजी फ़िल्में देखना। फिल्मों को देखने का एक बड़ा लाभ ये है कि आप शब्द का सही उच्चारण समझते हैं साथ ही वाक्यों को या भावनाओं को कितने और रूप में अभिव्यक्त किया जा सकता है, वह भी समझते हैं। इन वाक्यों की भी प्रैक्टिस करें। *बन जाइए थोड़ी देर के लिए टाइटैनिक के जैक और रोज़ को कह दीजिये अपने मन की बात।*

तीसरा तरीक़ा है- ऐक्ट करना। मन में परिस्थितियों की कल्पना कीजिए और उस परिस्थिति के बारे में इंग्लिश में ही बोलिए।

चौथा और महत्त्वपूर्ण तरीक़ा, जिसपर हमने पहले भी बात की है- सुनने की आदत। मीटिंग में, सड़क पर, पार्टी में, जहाँ भी लोग इंग्लिश में बात करें, उन्हें सुनिए। आपको समझ आएगा कि स्लैंग कैसे इस्तेमाल होते हैं, स्पोकन इंग्लिश में आप किस तरह से वाक्यों को अलग तरीक़े से कह सकते हैं।

जैसे बाकी तमाम स्किल्स सीखने और प्रैक्टिस पर निर्भर हैं वैसे ही अंग्रेजी बोलना भी। प्रैक्टिस करें, लगातार करें, सीखते रहें।

सूत्र 11 प्रभावी संवाद के लिए अपने भाषा-ज्ञान, विषय-ज्ञान एवं अभिव्यक्ति की शैली को निरंतर निखारते रहें।

अध्याय
12

उत्पादकता एवं समय प्रबंधन

काम को लिखिए

मल्टी टास्किंग न करें

प्राथमिकता तय करें

SMART लक्ष्य तय करें

न कहना सीखें

मिरर न्यूरोन सिस्टम

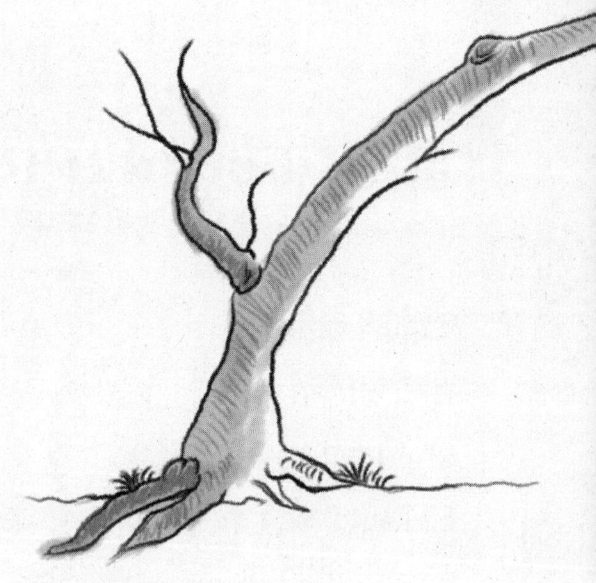

LACK OF DIRECTION,
not lack of time, IS THE PROBLEM.
We all have twenty-four-hour days.

- Zig Ziglar

कॉर्पोरेट वाले अक्सर कहते पाये जाते हैं कि यार इस कंपनी में काम खत्म ही नहीं होता। कर्मचारी का कहना कुछ हद तक ठीक भी है क्योंकि वह देर तक ऑफिस में काम करता है, घर जाकर भी काम करता है और जब अप्रैज़ल का समय आता है तो मैनेजर कहता है कि तुम्हारी प्रॉडक्टिविटी बहुत कम है।

आखिर समस्या कहाँ है? क्यों इतनी मेहनत करके भी हम प्रॉडक्टिव नहीं हो पाते, हमारे काम समय पर ख़त्म क्यों नहीं होते? जवाब है टाइम मैनेजमेंट यानी समय प्रबंधन की कमी। अपने बचपन को याद कीजिए। पूरे घर की जिम्मेदारी मम्मी अकेले सँभाल लेती थी। सुबह जगाने से लेकर, नाश्ता और टिफ़िन तैयार करना, रेडी करके स्कूल भेजना, फिर पापा के लिए भी सब कुछ तैयार करना, यह सब मम्मी की जिम्मेदारी होती थी। क्या आपने कभी देखा कि इतना कुछ अकेले बिना परिवार के अधिक सहयोग के मम्मी हर काम को समय से कर लेती थी। वजह थी समय प्रबंधन और प्राथमिकता तय करना। क्या पहले करना है, क्या बाद में, क्या करने से कौन-सा काम जल्दी होगा ये सब मम्मी को पता था। इस सबमें एक और महत्त्वपूर्ण बात थी, सुबह जब सब काम होना है, मम्मी एक मिनट भी कहीं बर्बाद नहीं करती थी क्योंकि उन्हें पता था कि एक-एक मिनट कीमती है। अगर वह थोड़ी देर को सुस्ताने लगीं तो सुबह सबका रूटीन बिगड़ जाएगा।

कभी आपने गौर किया है कि आपने कितनी बार जाने-अनजाने टाइमपास करते हुए पूरे दिन का रूटीन खराब कर लिया। हम सब ऑफिस में कितना समय ऐसी चीज़ों में खर्च करते हैं, जो हमारे काम की गति को धीमा करती है, उदाहरण के तौर पर कैफेटेरिया में लंबे समय तक बैठ जाना, बीच-बीच में सोशल मीडिया व्हाट्सएप्प चेक करना या नेट पर कुछ और पढ़ने लग जाना। कई बार लंबी मीटिंग भी हमारा टाइम खाती है।

यह तो तय है कि कॉर्पोरेट कंपनियाँ किसी भी कर्मचारी को उसकी क्षमता से कुछ अधिक काम देती हैं लेकिन इन्हें यदि थोड़ा-सा नियोजित कर लिया जाए तो उतने ही समय में अधिक काम किया जा सकता है। इस चैप्टर में हम लोग अपनी उत्पादकता बढ़ाने के लिए समय प्रबंधन पर बात करेंगे। क्योंकि मेहनती होने के बावजूद प्रमोशन में आपकी उत्पादकता का कम होना या सुनियोजित समय प्रबंधन न होना रुकावट बन सकता है।

- **काम लिख लीजिए:** क्या हम स्कूल के दिनों में हर दिन की क्लास याद रखते थे? नहीं, हम लोग टाईमटेबल देखते थे और उसके हिसाब से अपने बैग में उस विषय की किताब-कॉपी रखते थे। तब हम सब कुछ लिखते थे तो आज क्यों नहीं?

  प्रॉडक्टिविटी बढ़ाने के लिए सबसे ज़रूरी बात यह है कि हमारे दिमाग पर चीज़ों को याद रखने का दबाव न रहे। सब कुछ लिखिये, टू डू *लिस्ट* बनाइए। हमारे पास रोज के तय काम हैं और कुछ काम अनियोजित तरीक़े से अचानक आ धमकते हैं। ऐसे में 2 समस्याएं होती हैं- या तो हम नये काम को करने के चक्कर में पिछला कोई महत्त्वपूर्ण काम छोड़ देते हैं या फिर कुछ भूल जाते हैं। हर रोज के काम को एक नोटबुक या डायरी में लिखें।

  नया आईडिया आये तो उसे भी लिख लीजिये और बाद में आवश्यकता पड़ने पर देखिए। चाहे नोटबुक में लिखें, फ़ोन में लिखें, ख़ुद को ही ईमेल या व्हाट्सएप्प कर दें। जब मैं अपने सिस्टम पर नहीं

होता तो मैं गूगल कीप एप्प में अपने आईडियाज़ लिखता हूँ। अपने दूसरे मोबाईल नंबर पर टिकट, काम इत्यादि की सूची भेज देता हूँ। आप पाएंगे कि याद रखने का दबाव ख़त्म होते ही आपकी प्रोडक्टिविटी बढ़ जाएगी।

- **मल्टी-टास्क न करें:** सुनने में मल्टी टास्किंग अच्छा लगता है लेकिन असल में कई काम एक साथ करने के चक्कर में आप गलतियाँ कर सकते हैं। एक काम पर फोकस करें। जब बहुत सारा काम हो तो एक समय हम कौन से एक काम पर ध्यान दें, इसे जानने के तरीक़े अगले दोनों पॉइंट में बताए गये हैं।

- **प्राथमिकता तय करिए:** जब आपके पास आपके काम लिखे होंगे तो आपको यह तय करने में सुविधा होगी कि किस काम को प्राथमिकता देनी है, क्या अभी करना है और क्या बाद में किया जा सकता है। यह तय करना सबसे महत्त्वपूर्ण है कि आज कौन-सा काम ऐसा है जिसे आप सबसे पहले करना चाहेंगे।

प्राथमिकता को तय करने के लिए प्रसिद्ध मोटिवेशनल कोच रॉबिन शर्मा का **90/90/1 रूल** बहुत काम का है। रॉबिन शर्मा के अनुसार दिन के पहले 90 मिनट आप 1 उस काम को दीजिए जो अगले 90 दिनों में बड़ा बदलाव ला सकता है।

संभवतः आपका जवाब हो कि हम लिखते हैं, प्राथमिकता भी तय करते हैं लेकिन फिर कुछ ऐसा काम आ जाता है जो प्राथमिकता पर होता है। हाँ, जब सब कुछ महत्त्वपूर्ण हो तो दफ़्तरों में ऐसा होता है। जैसे कि आपको मीटिंग में भी जाना है, रिपोर्ट भी बनानी है, टीम मेंबर के साथ जॉइंट प्रोजेक्ट पर भी अपनी सलाह देनी है क्योंकि उसकी भी डेडलाइन उसी दिन है। अब समस्या यह है कि सब कुछ महत्त्वपूर्ण है। ऐसे में एक साथ सब प्राथमिकताओं पर नज़र रखना असंभव है। मैं ऐसी स्थिति में

लेखक डेविड एलन के बताये तरीक़े को अपनाता था और वह तरीक़ा है- रेनबो *कैलेंडर*। डेविड कहते हैं अपने कैलेंडर में हर तरह के काम को एक अलग रंग दे दीजिए। ऐसे में सिर्फ़ रंग देखकर आप समझ जाएंगे कि आपके पास आज कितने और किस तरह के काम हैं। मैं प्राथमिकताओं के अलावा काम की कटेगरी को भी एक रंग दे देता था जैसे मीटिंग का अलग रंग, रिपोर्ट बनाने का अलग रंग, प्लान लिखने का अलग रंग। इससे मुझे सब एक साथ दिख जाता कि आज किस रंग की अधिकता है और किसके हिसाब से प्राथमिकताओं को तय करना है।

- **माइक्रो प्रॉडक्टिविटी:** जब बात रूटीनी काम की हो तो काम को छोटे टुकड़ों में बाँटकर देखें- इनमें से कौन से जल्दी और कम मेहनत में खत्म होने वाले काम हैं। पहले उन्हें खत्म करेंगे तो कम समय में अधिक टास्क पूरे हो सकेंगे। आप सकारात्मक महसूस करेंगे और बचा हुआ समय आप उस काम को दे सकते हैं जो अधिक मेहनत और वक्त माँगता है।

- **SMART लक्ष्य बनाएँ:** प्रथमिकताएं तय होने के बाद आप हर दिन, हफ्ते और महीने का एक लक्ष्य तय करें कि आप क्या-क्या काम करेंगे। ये लक्ष्य SMART होने चाहिए। SMART अर्थात- **S**pecific, **M**easurable, **A**chievable, **R**elevant, **T**ime-bound. वही लक्ष्य तय करें जो स्पष्ट हों, जिन्हें पूरा किया जा सके। SMART लक्ष्य आपको अधिक उत्पादक बनाएंगे।

- **काम सौंपिए:** अगर कई प्राथमिकताएँ एक साथ हैं तो अपनी टीम के किसी ऐसे सदस्य को, जिसके पास काम की कुछ जगह हो उसे काम सौंपिये।

अगर आप टीम लीडर नहीं हैं तो बेहतर होगा कि काम सौंपने से पहले अपने मैनेजर से इसकी चर्चा कर लें और उनके माध्यम से काम को किसी अन्य सदस्य को दें। कई बार टीम लीडर बहुत अधिक

सहयोग करने वाले नहीं होते और वह आपको मना कर सकते हैं। ऐसे समय में आपकी बनाई टू-डू लिस्ट और तय प्राथमिकताएँ काम आएँगी। उन्हें दिखाकर मैनेजर से तथ्यों के साथ चर्चा करें और कहें कि आप बिना मदद के ये सारे काम एक साथ नहीं कर सकते। ऐसे में या तो वह किसी अन्य सदस्य को कुछ काम दें या आपके लिए प्राथमिकताएँ तय करके डेडलाइन को बदलें।

मम्मी को याद करें, वह काम करते-करते बर्न-आउट हो जाती थी। अगर सब लोग अपने-अपने कुछ-कुछ अन्य काम भी अपने जिम्मे ले लेते तो उन्हें भी सहूलियत होती। मम्मी तो उस दौर के सोशल टैबूज़ के चलते अपने काम को बाँट नहीं पाईं लेकिन कॉर्पोरेट में ऐसे सामाजिक कारण नहीं है, हाँ नौकरी का भय जरूर होता था। अब बदलते वक्त में परिवारों की संरचना बदली है, मम्मी को कुछ हद तक मदद मिलती है। ऐसा ही कॉर्पोरेट में भी होने लगा है।

- **न कहना सीखें:** अगर आपके मैनेजर आपको उस समय काम दे रहे हैं जब आपके पास बैंडविड्थ बिल्कुल नहीं है तो सिर्फ़ इसलिए हाँ मत कहिये क्योंकि बॉस ने कहा है। यदि आपने हाँ कहा और काम समय पर नहीं किया तो उसका नुकसान भी आपको ही भुगतना होगा अतः न कहना सीखिये। ऐसे किसी काम को हाँ मत कहिये जो आपके कार्यक्षेत्र से जुड़ा न हो।

बहुत सारे प्रोजेक्ट हाथ में लेने की जगह सिर्फ़ 2 या 3 प्रोजेक्ट हाथ में लें, जिसपर पूरा ध्यान दे सकें और एक मास्टरपीस की तरह पूरा कर सकें।

- **फोकस:** डिजिटल युग में हमारे काम की गति को धीमा करने में हमारे फ़ोन का बड़ा योगदान है। तमाम तरह के नोटिफिकेशन और चैट आपका ध्यान भटकाते हैं। एक रिसर्च के अनुसार एक व्यक्ति औसतन 2.1 घंटा प्रतिदिन डिस्ट्रेक्शन की वजह से ख़राब करता है। यदि एक

बार आपका फोकस हटा तो लगभग 21 मिनट पुनः उसी तरह का फोकस बनाने में लग जाते हैं। इसलिए डिस्ट्रेक्शन के सबसे महत्त्वपूर्ण कारक फ़ोन को दूर रखें। जिस तरह कुछ लोगों को मीठे या किसी नशे की तलब लगती है, वैसे ही हमारे दिमाग को डिस्ट्रेक्शन की तलब होती है। वह डिस्ट्रेक्शन की तरफ तुरंत झुकता है, इसलिए ज़रूरी है कि डिस्ट्रेक्शन को रोकने के लिए दिमाग को तैयार किया जाए और इसके लिए कुछ महत्त्वपूर्ण क़दम भी उठाये जाएं।

काम के वक़्त अपने फ़ोन को साइलेंट कर दें या समय खाऊ एप्प के नोटिफिकेशन को बंद कर दें। आजकल फ़ोन में एक फीचर आने लगा है, जिसे *फोकस मोड* कहते हैं। जब आप इस मोड को ऑन कर देते हैं तो यह कॉल्स, एप्प, नोटिफिकेशन इत्यादि को निष्क्रिय कर देता है। यदि आप कुछ महत्त्वपूर्ण लोगों के कॉल नहीं मिस करना चाहते तो उन्हें चिन्हित कर लीजिए। इस मोड में सिर्फ़ वही फ़ोन बजेंगे। कुछ लोगों की आदत होती है हर थोड़ी देर में फ़ोन चेक करते रहना, जिनमें मैं भी शामिल हूँ। ये मोड जब तक ऑन है, आप फोन तो उठा लेंगे लेकिन यह आपको अपने पसंदीदा एप्प का इस्तेमाल नहीं करने देगा इसलिए आप वापस काम पर लग सकते हैं।

- **समय:** प्रॉडक्टिविटी बढ़ाने में समय का भी बड़ा योगदान है। ऐसा माना जाता है कि सुबह के समय न सिर्फ़ हमारा फोकस बहुत अच्छा होता है बल्कि हममें उर्जा और विलपॉवर भी अधिक होती है। सुबह की शुरूआत यदि ठीक हो तो आपका दिन ठीक निकल जाएगा लेकिन प्रायः हम ऑफिस पहुँचने के बाद अपना शुरुआती समय बात करने, सोशल फीड चेक करने या ऑफिस कैफेटेरिया में खर्च कर देते हैं। मैं अक्सर अपने ऑफिस सुबह 8.30 बजे पहुँच जाता था और अगले एक से डेढ़ घंटे में ऑफिस की हलचल शुरू होने से पहले अपने हिस्से का आधा काम ख़त्म कर लेता था। वरिष्ठ और जिम्मेदार पद होने के

बावजूद इस आदत की वजह से, कुछ अपवादों को छोड़कर, न कभी अधूरा काम घर ले गया न देर तक दफ्तर में रुका।

- **काम का वातावरण बनाएं:** फोकस बढ़ाने के लिए एक और महत्त्वपूर्ण कारक है, आपके आसपास का वातावरण। आजकल वर्क फ्रॉम होम का समय है। लगता है कि वर्क फ्रॉम होम में काम बढ़ गया है। हम काम करते ही जा रहे हैं। हम सोफे पर या बिस्तर पर बैठे काम कर रहे हैं, चाय पी रहे हैं। हम जान नहीं पाते कि जिस वातावरण में काम कर रहे हैं वह डिस्ट्रेक्ट करने वाला है। क्या अपने घर में आप काम का एक कमरा या एक कोना बना सकते हैं, जहाँ सिर्फ़ टेबल-कुर्सी हो, जिसपर आप वैसे ही काम करें जैसे दफ्तर में करते हैं। आप पाएंगे कि इस मामूली बदलाव से अचानक आपके काम की गति में फर्क आ गया है।

- **न्यूनतमवाद या मिनिमलिज़्म:** क्या आपके वर्कप्लेस के इर्द-गिर्द डिस्ट्रेक्शन उत्पन्न करने वाली चीज़ें हैं? अपने दिमाग को हमें मिनिमलिज्म स्वीकार करने के लिए तैयार करना चाहिए। ये एक ऐसी जीवन शैली है जहाँ आप स्वेच्छा से सिर्फ़ आवश्यक वस्तुओं के साथ जीवन व्यतीत करते हैं। आपके काम का कमरा सिर्फ़ आवश्यक वस्तुओं से भरा है तो आपके डिस्ट्रेक्ट होने की सम्भावना कम होती है।

- **संगत:** हमारे दिमाग में एक मिरर न्यूरॉन सिस्टम होता है, जो हमें अपने आसपास के सबसे प्रभावी व्यक्ति के बर्ताव का अनुसरण करने को प्रेरित करता है। आपने महसूस किया होगा कि आप किसी अच्छे वक्ता को सुनकर या सफल व्यक्ति से मिलकर निकलें तो इसका प्रभाव काफी देर तक हम पर रहता है। हजारों सालों से मिरर न्यूरॉन सिस्टम इसी तरह काम करता आया है, जहाँ आप अपने आसपास के लोगों जैसा ही बर्ताव करना शुरू कर देते हैं। इसलिए अपने आसपास के लोगों और साथियों को बहुत ध्यान से चुनें। हम सबने बचपन से सुना है कि अच्छी संगत का परिणाम अच्छा होता है और यह बात प्रॉडक्टिविटी बढ़ाने पर

पूरी तरह से लागू होती है। यदि आपके आसपास गॉसिप वाले लोग हैं, नकारात्मक बात करने वाले लोग हैं, तो कुछ समय में आप भी उसका हिस्सा हो जाते हैं। यदि आप हाई परफ़ॉर्मर साथी चुनते हैं तो आपके हाई परफ़ॉर्मर बनने की सम्भावना बढ़ जाती है, क्योंकि आप उनके काम के तरीक़े को धीरे-धीरे अपनाने लगते हैं।

चलते-चलते एक और तकनीक के बारे में बताना चाहूँगा जिसके बारे में शायद आपने पढ़ा हो या सुना हो। कहते हैं कि काम को शुरू करना सबसे अधिक महत्त्वपूर्ण है। बहुत से काम इसीलिए पूरे नहीं हो पाते क्योंकि लोग उसे शुरू ही नहीं करते। ऑफिस में भी यही होता है। काम पता होता है, प्राथमिकता तय होती है लेकिन हम काम शुरू नहीं करते। इस तकनीक का नाम है- **पोमोडोरो तकनीक**। इस तकनीक में 25 मिनट काम करने के बाद 5 मिनट का ब्रेक लेने के लिए कहा जाता है। 5 मिनट के ब्रेक के बाद पुनः अगले 25 मिनट काम पर लग जाएं। यदि किसी कारण से थोड़ा लंबा ब्रेक हो तो टाइमर लगा लें और समय पूरा होते ही पुनः काम शुरू करने बैठ जाएं। इन 25 मिनट में आप फोन, ईमेल से दूर रहें। ऐसे ही आप 25 मिनट ऑफिस की ईमेल के लिए भी तय कर सकते हैं।

इस तकनीक का लाभ यह है कि एक बार काम शुरू होने पर 25-30 मिनट पूरे फोकस के साथ काम कर पाएंगे और बीच-बीच में 5 मिनट का शॉर्ट ब्रेक लेने से आप बर्न-आउट भी नहीं होंगे।

प्रॉडक्टिविटी बढ़ाना कोई राकेट साइंस नहीं है। उचित समय प्रबंधन और तय प्राथमिकताओं को पूरे फोकस के साथ फॉलो करके आप बेहद प्रॉडक्टिव हो सकते हैं। व्यवस्थित होइए, प्राथमिकता तय करिए, ध्यान लगाइए और काम करिए। व्यस्त होने की जगह व्यवस्थित बनिए।

सूत्र 12 आपकी तरक़्क़ी व्यस्तता पर नहीं व्यवस्थित काम पर निर्भर करेगी।

अध्याय
13

अडैप्टेबिलिटी एवं ग्रोथ माइंडसेट

कैसे विकसित करें ग्रोथ माइंडसेट

बदलाव से ताल-मेल

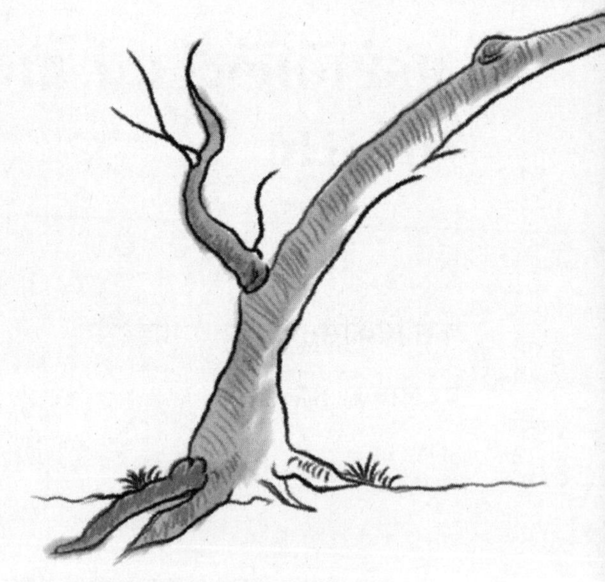

We can't become what we need to be by remaining what we are

- Oprah Winfrey

अडैप्टेबिलिटी एवं ग्रोथ माइंडसेट- यह दोनों ही स्किल किसी भी क्षेत्र में आगे बढ़ने के लिए बेहद महत्त्वपूर्ण हैं। लाखों इंजीनियर, एमबीए, सीए इत्यादि हर साल कॉलेज से निकलते हैं। उनमें लगभग 40% के पास अच्छी कम्युनिकेशन स्किल और बॉडी लैंग्वेज होती है, जिसके आधार पर वह नौकरी पा लेते हैं, लेकिन बहुत कम ऐसे होते हैं जो लंबे समय तक उस कंपनी में टिक पाते हैं या तरक्की कर पाते हैं। इसकी वजह 2 अन्य महत्त्वपूर्ण स्किल है, जिसे आपको काम के साथ सीखना होता है।

अनुभव को सेल्स डिपार्टमेंट में लगभग 20 वर्ष का अनुभव था और वो भी एक ही कंपनी में। अनुभव अक्सर लोगों को बताते कि कितने डायरेक्टर बदले, किसके समय में क्या होता था, कंपनी में 20 सालों में क्या-क्या बदल गया। कंपनी के कुछ सीनियर लोगों से जैसे सेल्स हेड, प्रोडक्शन हेड, फाइनेंस जीएम से तो उसकी बहुत अच्छी दोस्ती थी। ये लोग भी कंपनी में 15 से 20 वर्षों से काम कर रहे थे। अनुभव बताते थे कि सेल्स हेड और उसने तो एक साथ ही कंपनी जॉइन की थी और प्रोडक्शन हेड को तो पहले 6 महीने उनकी ही टीम में ट्रेनी रखा था और अनुभव उसे सेल्स के बारे में बताते थे। क्या आपके मन में ये सवाल उठा कि अनुभव अभी किस पद पर हैं? अनुभव 20 साल बाद भी अभी असिस्टेंट मैनेजर के पद पर हैं। वह भी वर्ष भर पहले ही उनके इतने लंबे अनुभव और उनकी लगातार की जा रही माँग के बाद उन्हें ये मौक़ा दिया गया।

मुझे एक और व्यक्ति याद आता है- अमित कपूर। अमित ब्राइट इंटेलीजेंट था लेकिन 13 साल के करिअर में उसने 8 कंपनी बदल ली। इन 8 कंपनियों में से सिर्फ़ 2 ही ऐसी कंपनियाँ थीं, जहाँ उसने लगभग तीन-तीन साल काम किया। यानी बाकी 6 कंपनियों में उसका औसत कार्यकाल एक साल से भी कम रहा, क्योंकि बीच में 1 साल वो खाली भी बैठे थे। अमित ने जिन दो कंपनियों में 3 साल गुजारे उन दोनों कंपनियों में उनके बॉस एक ही थे।

आखिर क्या वजह रही कि अनुभव के साथ के लोग, यहाँ तक की ट्रेनी भी, हेड या हो गये लेकिन अनुभव मैनेजर तक नहीं बन सके? आखिर क्या वजह रही कि अमित कभी भी एक व्यक्ति को छोड़ किसी दूसरे बॉस के साथ काम नहीं कर पाया? जवाब है अडैप्टेबिलिटी जिसे हिंदी में अनुकूलनशीलता यानी आगे बढ़ने की मानसिकता कहते हैं।

ग्रोथ माइंडसेट

प्रो. कैरोल ड्वेक अपनी पुस्तक माइंडसेट में उन लोगों का वर्णन करते हैं, जो मानते हैं कि उनकी सफलता समय और प्रयास पर निर्भर करती है। इस मानसिकता वाले लोगों को लगता है कि अपने कौशल और बुद्धिमत्ता को प्रयास और दृढ़ता से सुधारा जा सकता है। वे चुनौतियों को स्वीकार करते हैं, बाधाओं के बावजूद दृढ़ रहते हैं, आलोचना से सीखते हैं और दूसरों की सफलता में प्रेरणा तलाशते हैं।

अडैप्टेबिलिटी

अडैप्टेबिलिटी एक व्यक्ति की अपने आसपास होने वाले परिवर्तनों के साथ तालमेल बिठाने एवं भिन्न परिस्थितियों के अनुकूल ख़ुद को बदलने की क्षमता है। नौकरी के बाज़ार में लंबे समय तक सफलतापूर्वक काम करने के लिए अडैप्टेबिलिटी बेहद महत्त्वपूर्ण स्किल है, जिसमें परिस्थितयों से तालमेल बिठाने के अलावा आप नये स्किल प्राप्त करके बदलते कारकों, स्थितियों या वातावरण के प्रति सहज ढंग से प्रतिक्रिया दे पाते हैं।

अनुभव में अडैप्टेबिलिटी का गुण था लेकिन ग्रोथ माइंडसेट नहीं था। उसने हर बदलाव में ख़ुद को व्यवस्थित कर लिया लेकिन उस बदलाव के हिसाब से अपने व्यक्तित्व और स्किल में कोई बदलाव नहीं किया। जब वह बताता कि फलाना मेरे साथ था और आगे बढ़ गया तो उसमें थोड़ा दुःख और जलन की भावना होती थी। अनुभव ने दूसरे की सफलता से प्रेरणा नहीं ली। वहीं अमित कपूर को मैंने ब्राइट इसलिए कहा क्योंकि उसमें नौकरी के लिए कई स्किल्स थीं लेकिन वह कभी भी नये वातावरण में तालमेल नहीं बिठा पाया। जब भी उसके पसंदीदा बॉस ने नौकरी छोड़ी, वह व्यवस्थित नहीं हो पाया।

चाहे आप एक ही कंपनी में लगातार कई वर्ष काम करें या कंपनी बदल लें, अडैप्टेबिलिटी और ग्रोथ माइंडसेट किसी भी नौकरी में आगे बढ़ने के लिए बेहद महत्त्वपूर्ण है। यह दोनों स्किल कैसे प्राप्त करें, इसके लिए हम कुछ लोगों के सफल करिअर की कहानी जानते हैं।

दीपेश अनेजा कॉलेज में मुझसे 2 साल जूनियर थे। वह हमेशा से FMCG में जाना चाहते थे। लेकिन शुरुआती नौकरी फाइनेंस सेक्टर में मिली। दीपेश लगातार FMCG कंपनियों की वेकेंसी पर नज़र रखते और उनकी ज़रूरत के हिसाब से अपना रिज्यूमे ठीक करते, अपनी स्किल्स को परखते और अप्लाई करते। दीपेश की मेहनत रंग लायी और लगभग डेढ़ साल बाद उन्हें हिंदुस्तान यूनिलीवर लिमिटेड में ट्रेनी सेल्स ऑफिसर की नौकरी मिली। अगले डेढ़ दशक तक दीपेश को इसी कंपनी में कई प्रमोशन मिले। और इस किताब को लिखे जाने के वक़्त नॉर्थ इंडिया + बिहार के एरिया मैनेजर हैं।

दीपेश कहते हैं कि "जब मैंने यह कंपनी जॉइन की तो यहाँ का माहौल अलग था। एक अलग किस्म का अग्रेशन लोगों में था, हालाँकि कुछ लापरवाह तो हर जगह होते हैं। अब यह मुझ पर था कि मैं किस दिशा में जाऊँ और मैंने अपने काम को लेकर अग्रेशन चुना। मैं अपनी टीम में सबसे जूनियर था इसलिए मेरे पास हर व्यक्ति से सीखने का मौक़ा था। जिन

स्किल्स को मैं आगे बढ़ने के लिए सीखना चाहता था उस तरह की स्किल वाले सीनियर के पदचिन्हों पर चलना शुरू किया लेकिन सिर्फ़ गुणों के मामले में। मेरे एक सीनियर नंबर में माहिर थे, बहुत अच्छे टीम मैनेजर थे और एक थे जो सिस्टम और प्रोसेस बेहतर पालन करते थे। इन तीनों गुणों को उनसे लेकर मैं आगे बढ़ा।"

जब आप परफॉर्म करते हैं तो आप को विभिन्न प्रकार के अनुभव मिलते हैं और उन अनुभवों का लाभ नये और कठिन मौके को साधने में करना चाहिए। हिंदुस्तान यूनिलीवर 'प्योरइट' के नाम से वाटर प्यूरीफायर लांच कर रहा था। वाटर प्यूरीफायर के बाज़ार में पहले से कई ब्रांड स्थापित हो चुके थे। ऐसे में हिंदुस्तान यूनीलीवर का इस नये बाज़ार में घुसना एक कठिन निर्णय था। दीपेश के कई साथियों ने इस मौके को मना कर दिया लेकिन दीपेश ने इस चुनौती को स्वीकार किया। हिंदुस्तान यूनिलीवर विभाग बदलने पर पुनः इंटरव्यू लेती है। दीपेश ने अपने अनुभव के आधार पर नियोक्ताओं को यह साबित किया कि वह नयी सोच के साथ इस प्रॉडक्ट को भी बाज़ार में स्थापित कर देंगे। 'प्योरइट' सफल हुआ और इसका प्रभाव दीपेश के करिअर पर भी पड़ा। इसके बाद उन्हें कंपनी में और कई मौके मिले जहाँ उन्होंने अपनी क्षमता का लोहा मनवाया।

दीपेश हिंदुस्तान यूनिलीवर के उन गिने-चुने कर्मचारियों में से हैं, जिन्हें 3 बार डायरेक्टर्स अवार्ड मिला है। जब दीपेश से मैंने इस सफलता का राज़ पूछा तो दीपेश के जवाब का निचोड़ यही था- 'ग्रोथ माइंडसेट और अडैप्टेबिलिटी।' दीपेश ने कहा कि मैं जिस भी बिजनेस में रहा, अपने पद और जिम्मेदारी की परवाह किये बिना अपने बिजनेस को पूरा समझा। नये प्रॉडक्ट का लॉन्च हो या नयी टेरेटरी, मैंने उन्हें नयी नौकरी की तरह ही समझते हुए चुनौती की तरह लिया। मुझे हर प्रॉडक्ट में नयी टीम के साथ काम करना पड़ा और मैंने उन्हें वैसे ही स्वीकार किया और अपने आप को उसी टीम के अनुसार ढाला।

दीपेश सलाह देते हैं- Take initiative and execute effectively. ख़ुद आगे बढ़कर नये कदम उठाइए, नये आईडियाज़ लाइए और उसका सफल क्रियान्वयन भी करिए।

जहाँ दीपेश ने मौकों को पकड़ा, चुनौतियों को स्वीकारा वहीं एमबीए में मेरे क्लासमेट रहे विक्रम सिंह ने ट्रेंड को पहचानकर ख़ुद के लिए मौक़ा बनाया। विक्रम भी 18 वर्षों से एक मल्टीनेशनल ऑटोमोबाइल कंपनी में हैं। उन्होंने जूनियर लेवल पर एंट्री ली, नयी चुनौतियाँ लीं और अभी जनरल मैनेजर हैं। विक्रम ने सेल्स, मार्केटिंग, सर्विस इत्यादि सभी विभागों में अलग-अलग रोल पर काम किया। अब कंपनी के नये स्ट्रक्चर में जनरल मैनेजर के बाद सीधे डायरेक्टर का पद है। बीच में कुछ नहीं, ऐसे में मौके का इंतजार किया जाए या नया मौक़ा खोजा जाए? विक्रम ने भविष्य का एक ट्रेंड देखा- इलेक्ट्रिकल व्हीकल का। विक्रम की कंपनी में फ़िलहाल इसे लेकर कोई चर्चा नहीं थी लेकिन जिस तरह से EV की बात जोर पकड़ रही थी, सरकार नीतियाँ बना रही थी, यह तय था कि कंपनी को भी इलेक्ट्रिकल व्हीकल मार्केट में 3 से 4 साल में आना ही होगा। विक्रम ने इलेक्ट्रिकल व्हीकल की भारत में संभावनाएं, नीतियों को लेकर रिसर्च की और उसे अपने सीनियर को प्रस्तुत करते हुए कहा कि वह भविष्य में EV पर काम करना चाहेंगे। विक्रम कहते हैं- 'मुझे यह पता था कि जब भी यह प्रॉडक्ट आयेगा, कंपनी में बहुत से लोग इस डिपार्टमेंट में आना चाहेंगे क्योंकि यह ग्रोथ मार्केट होगा। इसलिए मैंने सबसे पहले इस मार्केट पर पूरी रिसर्च की, आईडिया देने के बाद भी लगातार इस मार्केट में होने वाले बदलावों पर नज़र बनाये रखा और उनके बारे में सीनियर से चर्चा करता रहा। इससे यह तय हुआ कि कंपनी जब भी इस प्रॉडक्ट के लिए काम शुरू करेगी उनकी नज़र में मैं पहला व्यक्ति रहूँगा, जिसने न सिर्फ़ इस प्रोफाइल को माँगा बल्कि इसकी तैयारी भी की। विक्रम का उदाहरण बताता है कि आप ट्रेंड्स पर नज़र रखकर ख़ुद को तैयार करना भी तरक्क़ी में बड़ा कारक बन सकता है।

दीपेश और विक्रम की इस यात्रा को प्रशांत कश्यप बहुत ही संरचनात्मक रूप से समझाते हैं। प्रशांत स्वयं एक सफल प्रोफेशनल हैं और उनकी यात्रा भी अडैप्टेबिलिटी एवं ग्रोथ माइंडसेट का उदाहरण है। प्रशांत एक एडवरटाइजिंग एजेंसी से मीडिया इंडस्ट्री में आये और पिछले 18 वर्षों से दैनिक जागरण अख़बार के ब्रांड विभाग से जुड़े हैं। इन 18 वर्षों में प्रशांत ने कई प्रोजेक्ट किये और प्रमोशन पाते हुए महाप्रबंधक बने। जहाँ एक तरफ कंपनी में लोग इतने समय के बाद कम्फर्ट जोन में आकर रूटीनी काम में लगे रहते हैं, प्रशांत अक्सर नये प्रोजेक्ट और आईडियाज़ पर काम करते हैं।

प्रशांत करिअर की यात्रा में एंट्री, मिडल और सीनियर लेवल तक के सफ़र में चुनौतियों और समाधान की बात बताते हैं। प्रशांत कहते हैं कि एंट्री लेवल पर प्रायः हम अनुभव की कमी या युवावस्था के जोश के कारण अपने काम के महत्त्व को नहीं समझते जबकि एक कंपनी में हर आदमी के काम का बहुत महत्त्व है। शुरुआती दौर में हमारा काम कंपनी की रणनीति का जमीनी क्रियान्वयन करना होता है। एंट्री लेवल कर्मचारी न सिर्फ़ सफल क्रियान्वयन के लिए जिम्मेदार है बल्कि धरातल पर वही कंपनी की आँख और कान है। ऐसे में क्रियान्वयन के साथ यह बहुत महत्त्वपूर्ण हो जाता है कि आप कैसे रिपोर्ट करते हैं। आपकी दी हुई रिपोर्ट पर कंपनी अगली रणनीति बनाती है। यहीं पर आपकी समझ की परीक्षा होती है। इसलिए एंट्री लेवल पर भी अपने काम को समझना और उसके क्रियान्वयन के बाद सभी पहलुओं को सही तरीक़े से रिपोर्ट करना आवश्यक है।

प्रशांत आगे कहते हैं कि कंपनी में एक समय गुजारने और कुछ सफलताओं के बाद हम एक कम्फर्ट जोन में चले जाते हैं। हर नया रोल एक नयी चुनौती है। यह उसी कंपनी में एक नयी नौकरी की तरह है। पुराना कर्मचारी जब मिड लेवल पर प्रमोशन पाता है तो वह अपने रोज के काम में इतना व्यस्त हो जाता है कि वह नया सोचना बंद कर देता है। जब आप मिड लेवल पर आते हैं तो आपको सोचना है कि कैसे इस पुराने ढाँचे में आप ऐसी नयी चीज़ लाएं जिससे ब्रांड में नयापन आये। कोई भी कंपनी बाहर से नये व्यक्ति को इसलिए लाती है क्योंकि वह नये विचार और नयी शक्ति लेकर

आता है। अगर यही आवश्यकता पुराना कर्मचारी पूरी करे तो कंपनी बाहर से लोग लाने की बजाय पुराने लोगों को ही प्रमोट करेगी। यही नयापन प्रशांत को लगातार मिलने वाले नये रोल का कारण रहा।

मिड लेवल से जब आप सीनियर लेवल पर बढ़ते हैं तो आपका काम कंपनी के लिए नीतियाँ बनाना होता है। प्रशांत कहते हैं कि हर रोल की स्पष्ट समझ होना बेहद आवश्यक है। अब आपका काम क्रियान्वयन करना नहीं करवाना है, और उस सफल क्रियान्वयन के लिए मिड और जूनियर लेवल को वह माहौल देना है, जो माहौल आपको आगे बढ़ने के लिए मिला, वही माहौल आपको अपनी टीम के लिए बनाना है।

प्रशांत कहते हैं कि हम किसी कंपनी में पुराने हो सकते हैं लेकिन बाज़ार हर रोज बदल रहा है इसलिए अपने पूर्वग्रहों को किनारे रखना आवश्यक है। आप यह नहीं कह सकते कि पहले तो ऐसा होता था या हम ऐसे करते थे। हमने जो किया उस समय की माँग पर किया और आगे हमें समय की माँग के अनुसार ही काम करना है, इसलिए नये विचारों और नये लोगों को स्वीकार करने के लिए हमें तैयार रहना होगा। लगातार आगे बढ़ते रहने और तरक्की करने का बस यही तरीक़ा है।

अगर हम प्रशांत कश्यप और दीपेश अनेजा के अनुभवों को देखें तो साफ़ तौर पर उनमें ग्रोथ माइंडसेट और अडैप्टेबिलिटी स्किल नज़र आती है।

मैंने प्रशांत से पूछा कि जितनी कंपनी को देने की हमारी जिम्मेदारी है उतनी ही कंपनी की भी जिम्मेदारी हमारे प्रति बनती है। यदि कंपनी हमारी मेहनत का फल न दे तो क्या किया जाए? प्रशांत बहुत सरलता से कहते हैं कि ऐसी स्थिति में नयी नौकरी ढूंढी जाए।

नयी कंपनी में जाना एक बड़ी चुनौती है, क्योंकि आप नये माहौल में नयी टीम के साथ काम करेंगे। मेरा सुझाव रहेगा कि किसी भी नयी कंपनी में जाने पर सिर्फ़ अपने अनुभवों को लेकर जाएं, अपने पूर्वग्रहों को नहीं, क्योंकि हर कंपनी का काम करने का तरीक़ा भिन्न होता है। जब भी नयी

कंपनी में जाएं तो वहाँ वर्क कल्चर को समझिये और उसके अनुसार स्वयं को ढालिए।

यदि नयी कंपनी में काम का कोई तरीक़ा पसंद नहीं आ रहा तो आप पिछली कंपनी में क्या होता था, इसकी बार-बार चर्चा करने की जगह वहाँ के सकारात्मक पक्षों को कैसे यहाँ क्रियान्वयित किया जाए, इसकी चर्चा अपने सीनियर से करें और उसे काम का हिस्सा बनाएं।

अपने रोल को ठीक से समझें। अपने मैनेजर और टीम के साथ समय बिताएं और उनके किये प्रोजेक्ट्स को समझें। विभिन्न टीम के लोगों से परिचय करें और उनके काम को समझें।

जिस प्रकार दीपेश ने परफ़ॉर्मर को पहचानकर उनके गुणों को ग्रहण किया, वैसे ही आप भी कंपनी के परफ़ॉर्मर पहचानें और उनसे काम के तरीक़ों को समझें। यह न सिर्फ़ आपको नयी जगह पर काम समझने में मदद करेगा बल्कि नये मित्र भी बनाएगा।

जहाँ एक तरफ परफ़ॉर्मर होते हैं वहीं हर कंपनी में एक नकारात्मक ऊर्जा वाला समूह भी होता है, जो लगातार कंपनी की आलोचना करता है और नये कर्मचारियों को हतोत्साहित करता है। ऐसे सभी नकारात्मक लोगों से दूरी बनाएं। गौर करियेगा कि ये नकारात्मक लोग कंपनी को गाली देते रहते हैं लेकिन वर्षों से वहीं जमे हुए भी हैं। मूल रूप से यह वो वर्ग है जिसमें ग्रोथ माइंडसेट की कमी है। ऐसे लोगों के साथ आप नकारात्मक विचारों से भर सकते हैं।

नकारात्मकता और इगो ग्रोथ माइन्डसेट को बुरी तरह से प्रभावित करते हैं। किस प्रकार इगो और नकारात्मकता को दूर करके तरक्क़ी कर सकते हैं, इसका किस्सा पुष्पा चौधरी बताती हैं। पुष्पा इलेक्ट्रॉनिक इंजीनियर हैं। उनके करिअर में विवाह और बच्चों के कारण तकरीबन 7 वर्ष का गैप आ गया। तबतक टेक्नोलॉजी पूरी तरह से बदल चुकी थी। पुष्पा ने बदले समय के हिसाब नयी स्किल सीखी, कोर्स किये और सेमीकंडक्टर इंडस्ट्री में जॉइन

किया। उनके पुराने तकनीकी अनुभव का अब कोई मोल नहीं था लेकिन एक संगठन और टीम में काम करने को लेकर उनका अनुभव था, जिसे उन्होंने इस्तेमाल किया। अपने काम को नये सिरे से शुरू करने और उसमें आने वाली कठिनाइयों को लेकर पुष्पा की सोच स्पष्ट थी।

पुष्पा कहती हैं कि मैंने दुबारा जॉइन किया तो मेरे मैनेजर की उम्र मुझसे कम थी लेकिन मैंने इन सब बातों को अपने दिमाग पर हावी नहीं होने दिया। मेरे मैनेजर की उम्र भले कम थी लेकिन उसका काम का अनुभव मुझसे अधिक था। जिस टेक्नोलॉजी पर हम अभी काम कर रहे थे, वह उसे मुझसे बेहतर जानता था। उससे सीखने में मैंने अपने इगो को कभी बीच में नहीं आने दिया। साथ में काम करने वाले कई टीम मेम्बर भी कॉलेज से छः-आठ महीने पहले ही निकले थे। मुझे कभी यह नहीं लगा कि मुझे इतने जूनियर्स के साथ काम कराया जा रहा है। मेरे इन युवा साथियों के काम का तरीक़ा अलग था, उनमें से कुछ काम से जल्दी निकलकर पार्टी करने जाना चाहते थे। मैंने इन चीज़ों को कभी नकारात्मक रूप से नहीं लिया। क्योंकि पहली नौकरी में शुरू के एक से डेढ़ साल हम भी ऐसे ही थे। अगर टीम निकल गयी तो मैंने उसका प्रभाव टीम के प्रोजेक्ट पर नहीं पड़ने दिया, न ही कभी शिकायत की। परिणाम यह हुआ कि मेरे साथ काम करने वाले यह फ्रेशर बच्चे अब प्रोजेक्ट पर ज़्यादा ध्यान देते और पूरा करके ही निकलते। कई बार वह मैनेजर की जगह मुझसे पहले चर्चा करते और फिर मेरे फीडबैक को सुनते। मेरे लिए भी इन फ्रेशर्स को सुनना कई बार फायदेमंद रहा, क्योंकि वह नये ट्रेंड्स को मुझसे ज़्यादा बेहतर जानते थे। उन्होंने मुझसे और मैंने उनसे सीखा। मैं एक मज़बूत टीम प्लेयर के रूप में स्थापित हुई। मेरे मैनेजर को मेरी वजह से इस युवा टीम को संभालने में आसानी रही। परिणाम यह हुआ कि आगे मुझे कई प्रमोशन मिले। मेरी लगातार सीखने की क्षमता और इच्छाशक्ति के कारण मुझे कई नये प्रोजेक्ट भी मिले।

पुष्पा को उनके करिअर में प्रोजेक्ट बदलने के कारण अलग-अलग मैनेजर मिले और सभी का व्यक्तित्व एवं काम करने का तरीक़ा भिन्न रहा। मैंने पुष्पा से पूछा कि मैनेजर के कारण प्रायः लोग नौकरी छोड़ते हैं लेकिन

वह कठिन से कठिन मैनेजर के साथ काम कैसे कर पायीं ? पुष्पा तीन सूत्रीय फ़ॉर्मूला बताती हैं-

पहला, *इगो से बचना*। पुष्पा कहती हैं कि हम आत्मसम्मान और इगो के बीच में फर्क भूल जाते हैं इसलिए प्रायः समस्या होती है। शुरू में मेरी टीम और मैनेजर मुझसे उम्र में छोटे थे लेकिन सभी एक दूसरे का सम्मान करते थे। जब तक कोई आपके आत्मसम्मान को ठेस नहीं पहुंचाता तब तक आपको किसी से भी सीखने या साथ काम करने में तकलीफ नहीं होनी चाहिए। अपने आपको दूसरे से बेहतर मानना एक समस्या है। मेरी कोशिश हमेशा 'ख़ुद से बेहतर' बनने की रही न कि दूसरों से बेहतर। मैंने कभी उनसे किसी चीज़ को लेकर तुलना नहीं की। हम सबकी अपनी दुनिया है और हमें उसे बेहतर बनाने पर ध्यान देना चाहिए।

पुष्पा का दूसरा फ़ॉर्मूला *नकारात्मकता से बचना* है। हर कंपनी में कभी पॉलिसी, कभी इन्क्रीमेंट तो कभी मैनेजर को लेकर नाराजगी होती है। कर्मचारी आपस में इस बारे में नकारात्मक बात करने लगते हैं और धीरे-धीरे यह बातचीत आपके दिमाग पर हावी होने लगती है। हमारा दिमाग हमेशा नकारात्मकता की और झुकता है। मैंने ऐसी किसी चर्चा में भाग नहीं लिया। कहीं चर्चा हुई तो उससे दूरी बना ली। परिणाम यह रहा कि मुझे समस्याएं आईं तो समाधान भी सहज रूप से हुआ।

पुष्पा स्वीकार करती हैं कि कुछ मैनेजर के साथ काम करना कठिन होता है। जब भी मुझे महसूस हुआ कि किसी के साथ काम करना कठिन है तो मैं कारण खोजती हूँ। मैनेजर के वर्किंग स्टाइल के अनुसार मुझे कुछ बदलाव करने की ज़रूरत है या मैनेजर को कुछ बदलाव करने की ज़रूरत है? मैंने अपने विचारों को लेकर हमेशा अपने मैनेजर से स्पष्ट बात की। अपना फीडबैक लिया और उनको भी दिया। अधिकांश मौक़ों पर इसके परिणाम सकारात्मक ही रहे।

जिन मौक़ों पर मैनेजर आपकी बात नहीं समझा वहाँ आपने क्या किया? मैंने पूछा।

पुष्पा इसका जवाब तीसरे फ़ॉर्मूला के रूप में देती हैं। पुष्पा कहती हैं- "मैं *अपने रोल को लेकर बहुत स्पष्ट* हूँ। मुझे पता है कि कंपनी इस रोल में मुझसे क्या अपेक्षा रखती है। मैंने अपने रोल के अनुसार अपने काम को किया। ऐसे में मैं काम को लेकर शिकायत का मौक़ा नहीं देती।"

आप ध्यान दें कि ऊपर प्रशांत कश्यप भी ऐसी ही बात कहते हैं। वह भी यही कहते हैं कि अपने रोल की पूरी समझ होनी चाहिए। पुष्पा यही कह रही हैं लेकिन साथ में कुछ और बातें जोड़ती हैं। उनका कहना है- "मैनेजर का टारगेट भी आपके काम पर निर्भर है। मैनेजर दो ही कारणों से कठिन होते हैं, या तो हमारा काम ठीक नहीं या उनका व्यक्तित्व एग्रेसिव है। अगर आप अपने रोल को समझते हैं और अपने हिस्से के काम को ठीक करते हैं तो प्रायः व्यक्तित्व से एग्रेसिव मैनेजर भी काम पूरा होने पर दबाव नहीं बनाते। अगर फिर कभी समस्या हो तो मैं बात करती हूँ।"

पुष्पा की तरक्की को मैंने नजदीक से देखा है। इसलिए यह बात मैं बता सकता हूँ कि उनको जब भी नया रोल मिला उन्होंने हड़बड़ी में उसे नहीं स्वीकारा। वह कहती हैं कि मैं उस रोल को लेकर मैनेजर, संभावित मैनेजर और उस टीम के सदस्यों से बात करके (यदि गोपनीय रखने को न कहा हो) काम को पूरी तरह समझती हूँ। मुझे यह स्पष्ट हो जाता है कि इस नये रोल को लेने के लिए मुझे क्या नयी तैयारी करनी होगी। मैं यह भी पूछती हूँ कि मुझे उस प्रोजेक्ट के लिए क्यों चुना गया? यह सवाल करने पर मुझे अपनी स्किल के बारे में फीडबैक मिल जाता है और यह भी पता लगता है कि क्या यह रोल वाकई मेरे करिअर को नयी राह देगा या कुछ नया सिखाएगा।

हम दीपेश, प्रशांत और पुष्पा के अनुभवों को देखें तो पाते हैं कि ग्रोथ माइंडसेट और अडैप्टेबिलिटी को विकसित करना कठिन नहीं है। हमें सिर्फ़ अपने व्यवहार, व्यक्तित्व और सोच में बदलाव लाने की आवश्यकता है। ये तीनों ही लोग अपने-अपने करिअर में एक ही कंपनी में जूनियर लेवल से शुरू करके मिडल और सीनियर लेवल तक पहुँचे हैं। हम इन सभी अनुभवों को बिंदुवार यहाँ समझते हैं:

- अपने काम में नयापन लायें।
- नये रोल की नयी चुनौतियों को ठीक से समझें।
- नये विचारों को स्वीकार करें।
- नयी चुनौतियों की तलाश में रहें और मौक़ा मिलने पर उन्हें स्वीकार करें।
- नयी कंपनी में जाने पर उसके वर्क कल्चर और नियमों को समझकर उसी अनुरूप काम करें।
- परफ़ॉर्मर और सकारात्मक लोगों से प्रेरणा लें।
- किसी भी बदलाव से घबराने की जगह उसे समझकर स्वीकार करें।
- टीम प्लेयर बनें।
- समस्या होने पर खुलकर बात करें।
- नकारात्मकता से बचें।

सूत्र 13 बदलाव और चुनौतियों को स्वीकार करके आगे बढ़ने वाले ही करिअर में सफल होते हैं।

अध्याय
14

प्रॉब्लम सॉल्विंग एंड क्रिटिकल थिंकिंग

रिसर्च करें

प्रश्न पूछें

फैक्ट्स चेक करें

सुनने की आदत विकसित करें

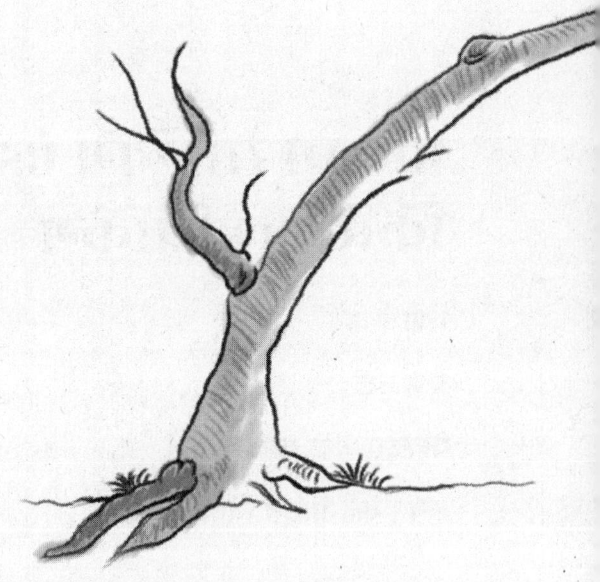

Every outcome has its CAUSE, and every predicament has its SOLUTION.

- Anthony Doerr

युद्ध में सैनिक घायल होते हैं लेकिन यदि बहुत सारे सैनिक एक ही तरीक़े से घायल होने लगें तो? प्रथम विश्व युद्ध में ब्रिटिश सेना के साथ ऐसा ही हुआ। उसके अधिकांश सिपाही सिर की चोट से घायल होकर आते थे और उनमें से कुछ के गाल भी कटे होते थे। इन सिपाहियों को ठीक होने में अच्छा खासा समय लग जाता था।

युद्ध में हथियारों के प्रयोग से अक्सर कोई धातु या पत्थर टूटकर सिपाहियों के सिर पर लगता था तो कई बार सिर ऊपर करके देखने में उन्हें गोली छूकर निकल जाती। फौज में उस समय या तो कपड़े की टोपियाँ होती थीं या चमड़े की। ये दोनों ही तरह की टोपियाँ सिर को सुरक्षित नहीं रख पाती थीं।

इस समस्या को देखते हुए 1915 में स्टील के बने नये हेलमेट ईज़ाद किये गये, जिन्हें ब्रोडी हेलमेट कहा गया, क्योंकि इसे बनाने वाले जॉन ब्रोडी थे। ब्रोडी हेलमेट में स्टील की एक ही शीट का इस्तेमाल होता था। इस शीट को काटकर सिर पर पहनने के लिए सूप बाउल का आकार दिया जाता था। सिंगल शीट से बने होने के कारण ये हेलमेट अधिक मज़बूत होते थे और धातु या पत्थरों से लगने वाली चोट से सिर की सुरक्षा करते थे। अगर कोई गोली सिर को छूकर निकली तो भी सिपाहियों के घायल होने की संभावना बहुत कम हो जाती थी।

इन हेलमेट से तात्कालिक सुरक्षा तो मिली लेकिन 2 अन्य दिक्कतें आयीं। एक तो इसमें गर्दन और गाल सुरक्षित नहीं थे, दूसरा स्टील होने की वजह से ये चमकते थे जिससे कि दूर से दुश्मन को सेना की स्थिति का पता लग जाता। इस समस्या का भी समाधान खोजा गया और हेलमेट को हरे और भूरे रंग (camouflage) में रंगा जाने लगा। हेलमेट की डिजाइन भी बदली गयी जिसे *मार्क 1* कहा गया और द्वितीय विश्व युद्ध तक *मार्क 3* आ चुका था।

हेलमेट की यात्रा युद्ध के मैदान से निकल कर आम आदमी के जीवन तक आ चुकी है। इस हेलमेट का स्वरूप इतना बदल चुका है कि इसमें पूरा चेहरा ढक जाता है और दुर्घटना की स्थिति में सिर और चेहरा बच पाता है।

हेलमेट की खोज से इस चैप्टर का क्या काम? जरा सोचिए कि किसी ने ये मान लिया होता कि सिपाही तो युद्ध में घायल होते ही हैं, इसमें क्या नयी बात? किसी ने इस बात का आंकड़ा न रखा होता कि इनमें से अधिकतर सिर की चोट से ही घायल हैं। अगर किसी ने ये न देखा होता कि ये चोट गोली से नहीं बल्कि धातु या पत्थर से ज़्यादा लग रही है तो क्या हेलमेट की खोज की जाती?

दोस्तो, यही है प्रॉब्लम सॉल्विंग एवं क्रिटिकल थिंकिंग।

करीब 96% नियोक्ता अपने कर्मचारियों में क्रिटिकल थिंकिंग को महत्त्वपूर्ण मानते हैं। प्रॉब्लम सॉल्विंग एवं क्रिटिकल थिंकिंग दो अलग चीज़ें होते हुए भी जुड़ी हुई हैं। क्योंकि क्रिटिकल थिंकिंग के बिना प्रॉब्लम सॉल्विंग संभव नहीं है। ब्रिटिश सैनिकों के सिर में लगने वाली चोट प्रॉब्लम थी, हेलमेट सोल्यूशन। कहीं न कहीं इस प्रॉब्लम के तमाम पक्षों पर गौर न किया गया जिसकी वजह से हेलमेट बिना रंगे ही भेजे गये और मैदान में चमकने लगे। यानी कि पूरी प्रक्रिया में कुछ कमी रही।

आज विज्ञान, शोध, चिकित्सा, स्वस्थ्य सेवा, कानूनी सेवाएं, व्यवसाय, प्रबंधन, अभियांत्रिकी, तकनीक, शिक्षा क्षेत्र, अध्यापन, सरकार, पब्लिक

पॉलिसी, वित्त, आईटी, साइबर सिक्योरिटी, पर्यावरण इत्यादि ऐसे क्षेत्र हैं, जहाँ क्रिटिकल थिंकिंग बहुत ही महत्त्वपूर्ण स्किल है।

क्रिटिकल थिंकिंग किसी भी समस्या के समाधान के लिए उपलब्ध सूचना का निष्पक्ष विश्लेषण और मूल्याँकन है। क्रिटिकल थिंकिंग में किसी पूर्वग्रह, तुक्का, अनुमान की जगह नहीं होती बल्कि इन सभी का तथ्यात्मक आधार पर मूल्याँकन होता है। उदाहरण के तौर पर यह मान लेना कि युद्ध में फौजी घायल होते ही हैं एक पूर्वग्रह या अनुमान है। घायल होने की वजह, गंभीरता, घायल होने वालों की संख्या, सूचना की प्रासंगिकता इत्यादि का विश्लेषण करना ही क्रिटिकल थिंकिंग है।

क्रिटिकल थिंकिंग के लिए प्रश्न पूछना जितना महत्त्वपूर्ण है उतना ही उन प्रश्नों के उत्तर और मिली जानकारी के आधार पर मूल्याँकन करते हुए तार्किक निष्कर्ष निकालना भी आवश्यक है। इसी बात से जुड़ा एक अन्य उदाहरण लेते हैं। यह किस्सा भी फौज से ही जुड़ा है। सीमा पर दोनों ही देशों की फौजें दुश्मन की चौकियों पर नज़र रखती है। हर तीन दिन में इस चौकी पर सुबह 9 से 10 बजे के बीच 2 गधों पर लदकर सामान आता है। नज़र रखने वाले फौजी की जिम्मेदारी है कि वह रोज दुश्मन के पोस्ट की हर मूवमेंट की खबर दे। एक दिन अचानक सामान ढोने वाले गधे रात 9 से 10 से बीच आ जाते हैं और उनकी संख्या दो से तीन हो जाती है। फौजी ऊपर रिपोर्ट करता है।

अब अधिकारी इसे कैसे देखेंगे? वो मान लेंगे कि ठीक है सामान ज़्यादा आया होगा या वो प्रश्न करेंगे? वह इसे सिर्फ़ इसी चौकी का मसला मानेंगे या बाकी चौकियों से भी दुश्मन के सामान पहुँचने के पैटर्न में आए किसी बदलाव की सूचना लेंगे? यदि सभी चौकियों से ऐसी ही सूचना आ रही है तो क्या माना जाए? कहीं दुश्मन चौकी पर तैनात फौजियों की संख्या तो नहीं बढ़ाने जा रहा? अगर दुश्मन की चौकी पर अधिक सिपाही हो गये हैं तो क्या सिर्फ़ ज़्यादा राशन के लिए अधिक गधे लगे हैं? अगर सिर्फ़ राशन का मसला

है तो रात को भी तीन गधे क्या लाद कर ला रहे हैं? क्या दुश्मन अतिरिक्त राशन इकट्ठा कर रहा है या हथियार भी?

ये तो बात हुई क्रिटिकल थिंकिंग की। प्रॉब्लम सॉल्विंग क्या है? प्रॉब्लम सॉल्विंग में हम समस्याओं को पहचानकर, उनका विश्लेषण करके समाधान खोजते हैं। प्रॉब्लम सॉल्विंग की प्रक्रिया में हम समस्या को हिस्सों में बाँटकर, आसानी और कठिनाई से मैनेज किये जा सकने वाले पक्षों को ढूँढ़ते हैं और संभावित समाधानों में से बेहतरीन समाधान चुनते हैं।

विशेषज्ञ कहते हैं कि जहाँ क्रिटिकल थिंकिंग एक रणनीतिक कार्य है, हुनर है, मानसिक अभ्यास है, जिसे आप सूचना और विश्लेषण के माध्यम से कर सकते हैं। प्रॉब्लम सॉल्विंग विश्लेषण के साथ बढ़िया कार्यान्वयन है, जिसमें दक्षता के पाने के लिए स्किल का बड़ा योगदान होता है। यह समाधान करने के भौतिक पक्षों से जुड़ा है। इसमें प्लानिंग, बजटिंग, स्टाफिंग, संगठनात्मक काम, निर्देशन इत्यादि शामिल होगा।

हम फौजियों की चौकी का पुनः उदाहरण लेते हैं। प्रथम दृष्टया तो हमें यही लग रहा है कि दुश्मन के पोस्ट पर होने वाली मूवमेंट संभवतः किसी हमले की संभावना है और हमें तुरंत अपनी तैयारी शुरू कर देनी चाहिए लेकिन एक क्रिटिकल थिंकर इस अनुमान को प्रश्न करते हुए पूछेगा कि कहीं ऐसा हर वर्ष इस मौसम में तो नहीं होता? अगर आप हिमालय की रेंज में हैं तो संभव है, आने वाले दिनों में बर्फ़बारी से रास्ता रुकने की सम्भावना को देखते हुए अतिरिक्त व्यवस्था की जा रही हो।

अगर तमाम सूचनाएँ और प्रश्नों का तार्किक उत्तर यही मिलता है कि दुश्मन की तैयारी असामान्य है और वह संभवतः हमला कर सकता है तो अब हमारे सामने एक प्रॉब्लम है। अब इस प्रॉब्लम का विश्लेषण जब किया जाएगा तो कई संभावनाओं पर बात होगी जैसे दुश्मन के मुकाबले हमारे कितने फौजी हैं? यदि दुश्मन ने कल ही हमला कर दिया तो हम अपने फौजियों को क्या तुरंत सुविधाएँ पहुँचा पाएंगे और कितना समय हमें पूरी

तरह से लड़ने के लिए तैयारी करने में लगेगा? क्या हमारे पास वहाँ हथियार हैं, रसद है, ज़्यादा फौजियों के पहुँचने पर रहने की व्यवस्था है?

देखिये, समस्या ढूँढने के बाद जो प्रश्न पूछे जा रहे हैं, उनका आधार बदल गया, समस्याओं के कई टुकड़े हुए जैसे राशन, हथियार, मैनपॉवर, इंफ्रास्ट्रक्चर इत्यादि। अब इस आधार पर समस्या का समाधान खोजा जाएगा कि अगले दिन हमले की स्थिति में हमें अपनी चौकियों पर आज ही क्या सामान भिजवाना है और क्या व्यवस्था अगले दिनों में करनी है। ये है प्रॉब्लम सॉल्विंग।

प्रश्न उठता है कि क्रिटिकल थिंकिंग एवं प्रॉब्लम सॉल्विंग की करिअर की शुरुआत में ही हमें क्या आवश्यकता है? यह काम तो ऊपर वाले करेंगे।

जिन लाइफ स्किल्स को आज सीखने की सबसे ज़्यादा ज़रूरत है उनमें प्रॉब्लम सॉल्विंग एवं क्रिटिकल थिंकिंग भी है। कुछ अन्य महत्त्वपूर्ण लाइफ स्किल जैसे कम्युनिकेशन, टाइम मैनेजमेंट इत्यादि हम पिछले चैप्टर में पढ़ चुके हैं। ये दोनों ऐसी स्किल हैं, जिनका प्रदर्शन रोजमर्रा के काम में करना आपको अधिक दक्ष तो बनाएगा ही, आपको मैनेजमेंट के लिए अगली सीढ़ी चढ़ने में भी मदद करेगा।

यह स्किल आपको सही निर्णय लेने में मदद (सिर्फ़ काम में ही नहीं, किसी नौकरी के ऑफर को स्वीकार करने में भी), गंभीर समस्याओं के समाधान में, अपनी बात को मैनेजमेंट या टीम के सामने मज़बूती से रखने में, बदलाव को स्वीकार करने और करिअर में आगे बढ़ने में मदद करेगा।

अब प्रश्न उठता है कि हम क्रिटिकल थिंकिंग और प्रॉब्लम सॉल्विंग के गुण को कैसे विकसित करें? संभवतः फ़ौज के दोनों उदाहरणों में आप इसका जवाब ढूंढ चुके होंगे। हम इसे संक्षिप्त रूप में बिंदुवार यहाँ पुनः समझते हैं:

- **प्रश्न पूछिए:** किसी सूचना की तार्किक पुष्टि करना महत्त्वपूर्ण है। सूचना अनुमान आधारित है या वास्तविक ? ऐसे प्रश्न पूछिए जो सूचना के

अतिरिक्त अंतर्दृष्टि भी दे, जैसे फ़ौज के मामले में पूछा गया कि क्या ऐसी मूवमेंट हर साल इस मौसम में होती है? इन्वेस्टिगेट कीजिए।

- **रिसर्च करने की आदत डालें:** रिसर्च प्राइमरी और सेकेंडरी होती है। प्राइमरी रिसर्च में आपके पास प्राथमिक स्रोत से सूचना आती है और सेकेंडरी में हम उपलब्ध सूचना के आधार पर रिसर्च करते हैं जैसे कोई किताब, रिपोर्ट, डाटा, खबर इत्यादि। किसी भी विषय पर काम करने से पहले उसके बारे में जानने का प्रयास करिए। सूचना की पुष्टि और सही निर्णय लेने में रिसर्च मदद करेगी।

- **लॉजिकल रीजनिंग:** सबसे सही निर्णय वह होते हैं, जो तार्किक और व्यावहारिक आधार पर लिए जाते हैं। मौजूद साक्ष्य, आँकड़े, पुराने ट्रेंड आदि को समझकर तर्क के आधार पर निर्णय लीजिए।

- **उपलब्ध जानकारी की सत्यता को जाँचें:** क्या आपके पास उपलब्ध जानकारी में कोई कमी या अनियमितता है? जो जानकारी उपलब्ध हुई है उसका स्रोत क्या है? जब आप सवाल पूछेंगे तो जवाब की गुणवत्ता भी बढ़ेगी। यदि जानकारी पुष्ट है तो आपका निर्णय अधिक ठीक होगा।

एक फिल्म है-ओंकारा। फिल्म के एक दृश्य में लंगड़ा त्यागी ओमी को कहता है कि केसू का कोई अता-पता नहीं, उसका फ़ोन हमेशा बंद रहता है, लेकिन डॉली भाभी को पता होगा क्योंकि उन्हें वह रोज फ़ोन करता है। ओमी को सूचना मिली और उसने इसे सच माना। उसने लंगड़ा त्यागी से यह नहीं पूछा कि अगर केसू का फ़ोन बंद है, उसका कोई अता-पता नहीं, तो उसे कैसे पता कि वह डॉली को फ़ोन करता है? जिन्होंने फिल्म देखी है वह इसका अंत जानते हैं। फ़िल्मी सीन है लेकिन सूचना को प्रश्नांकित न करना, स्रोत की जानकारी न लेना क्रिटिकल थिंकिंग की कमी है। इसकी वजह से समाधान गलत हुआ। ऐसी ही गलतियाँ हम काम में कर जाते हैं।

- **सुनने की आदत विकसित करें:** क्रिटिकल थिंकिंग के लिए सुनना बहुत महत्त्वपूर्ण है। आप सुनेंगे तो आपको कई तरह की नयी जानकारी उपलब्ध होगी जो आपको सोचने के लिए नये आयाम देगी।
- **अपने निर्णयों को जाँचें:** अपने पूर्व में लिए निर्णयों को समय-समय पर जाँचें। देखें कि किस आधार पर आपने निर्णय लिए थे और उस निर्णय के ठीक या गलत होने के पीछे क्या-क्या कारण थे। आप अपने ही अनुभव से सीखेंगे।
- **फीडबैक लें:** काम में अपने सहयोगियों और वरिष्ठों से अपने निर्णयों के बारे में लगातार फीडबैक लेते रहें और उस फीडबैक पर काम करें।

क्रिटिकल थिंकिंग और प्रॉब्लम सॉल्विंग के गुण को विकसित करने के ये कुछ तरीक़े हैं। याद रखें, क्रिटिकल थिंकिंग प्राप्त सूचना के मूल्याँकन, विश्लेषण, तर्क और साक्ष्य की माँग करते हैं और इसके लिए वह सूचना की विश्वसनीयता, पूर्वाग्रहों और अनुमानों को लेकर प्रश्न करते हैं। प्रॉब्लम सॉल्विंग किसी विशेष समस्या और उसके विभिन्न पक्षों को समझते हुए उसका समाधान खोजना है।

इस चैप्टर को समाप्त करने से पहले एक महत्त्वपूर्ण बात। हेलमेट ने विश्व युद्ध से लेकर अब तक का सफ़र तय किया और आम आदमी के लिए सुरक्षित बन गया लेकिन कुछ लोग आज भी विश्व युद्ध की याद में सूप बाउल के आकार वाला ब्रोडी हेलमेट लगाते हैं। याद रखें कि विश्व युद्ध में इस्तेमाल ब्रोडी हेलमेट स्टील से बना था और हम लोग जो लगाते हैं वह प्लास्टिक से। जब स्टील के मज़बूत हेलमेट में भी कमियां थीं तो आपका प्लास्टिक वाला हेलमेट कहाँ टिकेगा? युवा बाल बिगड़ने के डर से हेलमेट नहीं पहनते। बिगड़े बाल बनाये जा सकते हैं लेकिन सिर में लगी चोट से जान भी जा सकती है।

अपने सिर और दिमाग को बचाएं क्योंकि हर इंसान का दिमाग इतना सक्षम होता है कि वह क्रिटिकल थिंकिंग कर सके और उस आधार पर समाधान खोज सके। हम सबमें इसका कुछ हिस्सा नैसर्गिक होता है और कुछ हमें अभ्यास से विकसित करना होता है।

सूत्र 14 पूर्वग्रह आपको उचित निर्णय नहीं लेने देते। अपने विचारों व पूर्वग्रहों को लगातार चुनौती देते रहें।

अध्याय
15

करिअर ट्रांजीशन

क्या, क्यों और कैसे?

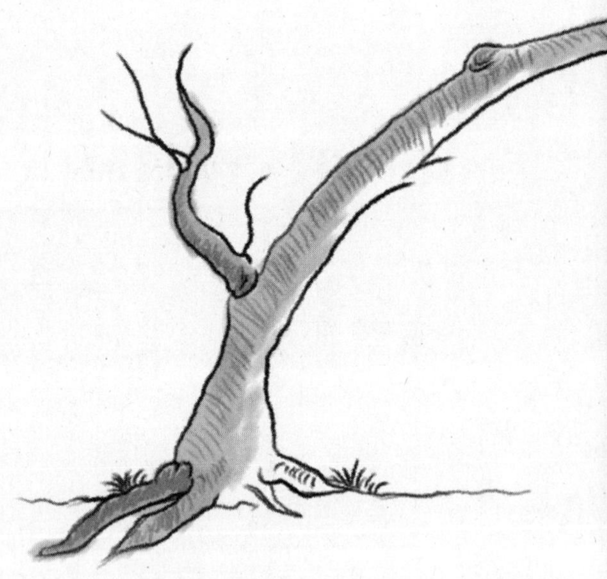

You can LEARN NEW THINGS at any time in your life if you're willing to be a beginner. If you actually learn to like being a beginner, THE WHOLE WORLD OPENS UP TO YOU.

— Barbara Sher

वेनेसा डे लूका एक रिटेल स्टोर की मैनेजर थीं, जब उन्हें यह महसूस हुआ कि उनके करिअर की वर्तमान राह आगे नहीं जा रही। वह कहीं अटक गयी हैं। वेनेसा एक अजीब उधेड़बुन में थीं क्योंकि रिटेल इंडस्ट्री में उन्हें ठीक-ठाक समय हो चुका था, आगे उन्हें इसी तरह की प्रोफाइल मिल रही थी। कुछ अलग मिला तो वह उनके करिअर को दो कदम पीछे ले जा रहा था। वेनेसा की उम्र भी 30 साल हो चुकी थी। उन्हें यह तय करना था कि अपने करिअर को इस उम्र में पुनः शुरू करें या जैसा चल रहा है चलने दें?

वेनेसा की तरह ही बहुत से लोग करिअर ट्रांजीशन के उस दौर से गुजरे जहाँ उन्हें महसूस हुआ कि उन्हें रास्ता बदलने की ज़रूरत है। हम इस विषय पर और बात करें उससे पहले कुछ और लोगों की कहानी जानते हैं जिन्हें अपने करिअर में बदलाव के बड़े निर्णय लेने पड़े।

जुही मालवीय ने एचआर में एमबीए करने के बाद एक कंसल्टेंसी के साथ रिक्रूटमेंट की प्रोफाइल पर नौकरी शुरू की। प्रायः ये माना जाता है कि एचआर का काम बड़े आराम का है लेकिन यह धारणा वास्तविकता से दूर है। एचआर की कई प्रोफाइल में एक प्रोफाइल एचआर जनरलिस्ट की होती है, जहाँ कंपनी के एचआर ऑपरेशन में यह कर्मचारी काम करता है। वहीं एक दुसरी प्रोफाइल रिक्रूटमेंट की होती है, जहाँ कंपनी में खाली पदों पर

नियुक्तियाँ की जाती हैं। इन नियुक्तियों के लिए प्रत्याशी ढूँढने का काम प्रायः एचआर कंसल्टेंसी फर्म को दिया जाता है। जुही इसी दूसरे प्रोफाइल में थी।

जुही को अपनी नौकरी से जैसी अपेक्षा थी वैसा परिणाम नहीं रहा। किसी सेल्स के व्यक्ति की ही तरह कैंडिडेट ढूँढने और सेलेक्शन करवाने का रोज का बड़ा टारगेट और दबाव था। सैलरी भी काम के मुताबिक नहीं थी। उन्होंने नौकरी बदली भी तो कंसल्टेंसी में ही। वहाँ भी स्थिति यही रही। कुल मिलाकर निष्कर्ष यही रहा कि इस इंडस्ट्री में काम करने का तरीक़ा यही है। जुही भी वेनेसा जैसी स्थिति में थी। उन्हें अपने व्यक्तित्व और स्किल पर भरोसा था और जानती थी कि वह इससे बेहतर कर सकती हैं। जुही को तय करना था कि क्या वह यही काम करते हुए कुछ बेहतर होने की उम्मीद रखें या एक नया कदम उठायें?

कई बार ऐसा होता है कि हमने सब कुछ किया लेकिन हमें उचित मौक़ा नहीं मिला जैसे जुही के साथ हुआ। कुछ मामलों में ऐसा भी होता है कि सब ठीक चल रहा है लेकिन एक समय के बाद आप वही काम करते-करते ऊब जाए। दीपेश अनेजा जिनकी बात हमने पिछले चैप्टर में की, उनके काम को कंपनी ने सराहा, वेतन और पद दोनों दिये लेकिन 17 वर्षों तक एफएमसीजी सेक्टर में काम करने के बाद दीपेश को ऊब महसूस होने लगी क्योंकि चुनौतियाँ अब उतनी नयी नहीं थी। उनका फिर प्रमोशन होगा तो भी काम इसी क्षेत्र में होगा और चुनौतियाँ पुरानी-सी होंगी इसलिए दीपेश अब नये क्षेत्र में चुनौतियाँ चाहते हैं।

दीपेश की ही तरह कृष्ण झा की भी कहानी है। कृष्ण जिस समय में एमबीए करके निकले, वह दौर ई-कॉमर्स का सुनहरा दौर था। मार्केट ट्रेंड को देखते हुए वह इसी इंडस्ट्री में काम करना चाहते थे। उन्हें naaptol.com में बैकएंड ऑपरेशन की नौकरी मिली। कुछ वर्षों तक उन्होंने इसी इंडस्ट्री में काम करते हुए उन्हें एहसास हुआ कि यह इंडस्ट्री और प्रोफाइल उन्हें एक सीमित दायरे में बांधे रख रही है। वह नयी चुनौती लेना चाहते थे।

वेनेसा, जुही, दीपेश, और कृष्ण अपने करिअर में बदलाव निजी कारणों से करना चाहते थे तो वैभव पोरवाल को बाहरी परिस्थितियों के कारण करिअर में नया रास्ता खोजना पड़ा। वैभव ट्रेवल एवं एंटरटेनमेंट इंडस्ट्री में काम कर रहे थे। पसंद का काम, पसंद की प्रोफाइल... नौकरी अच्छी चल रही थी और तभी दुनिया में कोरोना महामारी आ गयी। कोरोना ने बहुत सी इंडस्ट्री को चपेट में लिया जिसमें ट्रेवल और एंटरटेनमेंट सबसे बड़ा था। लोगों ने यात्रा बंद कर दी। कुछ महीनों बाद जब कुछ छूट भी मिली तो सिर्फ़ मजबूरी वाली यात्राएँ की गयीं। टूरिज्म इंडस्ट्री ठप्प पड़ चुकी थी, साथ में ट्रेवल कंपनियाँ भी। वैभव के पास एक एंटरटेनमेंट पार्क की भी जिम्मेदारी थी। लॉकडाउन के बाद यह भी बंद हो गया। लॉकडाउन की वजह से बहुत लोगों ने नौकरी खोई जिनमें वैभव भी एक थे। लॉकडाउन ने इस इंडस्ट्री की कमर ऐसी तोड़ी कि इसके वापस पुराने ढर्रे पर आने में अभी काफी समय लगना था। अब वैभव क्या करते?

वेनेसा से लेकर वैभव तक की कहानी सिर्फ़ उनकी ही नहीं है। यह उनके जैसे लाखों लोगों की कहानी है, जिनको कभी निजी कारणों से तो कभी बाहरी कारणों से करिअर में बदलाव करना पड़ा। मैंने करिअर ट्रांजीशन के जितने मामले देखे उनके कारण कुछ यूँ रहे:

- नौकरी की शुरुआत के लिए जो मौक़ा मिला, आपने उसे पकड़ा और अब अपनी पसंद की इंडस्ट्री और प्रोफाइल ढूंढ रहे हैं।
- आप जिस प्रोफाइल या इंडस्ट्री में हैं, वहाँ से आगे बढ़ने के रास्ते सीमित हो जाते हैं एवं आपकी प्रोफाइल में अधिक तरक्की की गुंजाईश नहीं रहती।
- अपनी 'ड्रीम जॉब' करते हुए आपको पता लगे कि आपकी ड्रीम जॉब असल में आपकी ड्रीम जॉब है ही नहीं या आपकी योग्यताओं का भरपूर इस्तेमाल ही नहीं हो रहा।

- आप सफल हैं लेकिन अपने काम से ऊब चुके हैं, क्योंकि इस इंडस्ट्री या प्रोफाइल पर अब आपको नयी चुनौतियाँ नहीं मिल पा रहीं।
- बाहरी कारण जो नौकरी पर ऐसा संकट खड़ा कर दे कि कर्मचारी मजबूर होकर प्रोफाइल या इंडस्ट्री बदले। कंपनी का मैनेजमेंट बदल जाए, सरकार के नियम कंपनी को रिस्क में डाल दे, अर्थव्यवस्था बिगड़ जाए, महामारी या युद्ध से इंडस्ट्री डूबने लगे।

हो सकता है कि कुछ लोगों के लिए ट्रांजीशन किसी और भी कारण से हो लेकिन मोटे तौर पर हमें यही कारण नज़र आते हैं। हमने जिन लोगों की कहानी सुनी उन सबके कारण भी कुछ ऐसे ही थे। करिअर ट्रांजीशन का यह दौर बहुत संभलकर निर्णय लेने वाला होता है। इस समय लिया गया निर्णय आपके करिअर को नयी ऊँचाई पर भी ले जा सकता है और पीछे भी खींच सकता है। कुछ लोग इस दौर में या तो इंडस्ट्री बदलते हैं या अपनी जॉब प्रोफाइल बदल लेते हैं। आइये जानते हैं कि हमने जिनकी कहानी कही उन्होंने क्या निर्णय लिए?

जुही और कृष्ण ने इंडस्ट्री एवं जॉब प्रोफाइल बदल ली। जुही दुबई की एक रिटेल चेन में केटेगरी बाइंग में हैं। वहीं कृष्ण भी रिटेल इंडस्ट्री में स्टोर ऑपरेशन में आ चुके हैं। वैभव पोरवाल अभी भी बी-टू-बी सेल्स में ही हैं लेकिन उन्होंने भी इंडस्ट्री बदली। वह ट्रेवल से वाटर इक्विपमेंट इंडस्ट्री में आ चुके हैं। दीपेश अनेजा भी इस किताब के आने तक नयी इंडस्ट्री में नये पद पर होंगे, और वेनेसा... वेनेसा की कहानी हम आखिर में पूरी करेंगे।

आपने देखा कि इन सब लोगों ने भी या तो इंडस्ट्री बदली या जॉब प्रोफाइल। जो लोग नौकरी में ही रहना चाहते हैं वह प्रायः यही दो निर्णय लेते हैं। यह सब पढ़ते हुए इंडस्ट्री या जॉब प्रोफाइल बदल लेना कितना आसान लग रहा है न...लेकिन क्या यह इतना ही आसान है जितना यहाँ लिखा गया है? क्या इन सभी लोगों को चुटकी बजाते ही काम मिला? नहीं, इन्होने

अपने आप को नये परिवर्तन के लिए तैयार किया और जिस भी इंडस्ट्री या प्रोफाइल में गये वहाँ सलेक्शन के लिए बहुत मेहनत की क्योंकि अधिकतर कंपनी अपनी ही इंडस्ट्री से कर्मचारी नियुक्त करना चाहती हैं। इसकी 2 प्रमुख वजहें हैं- एक, कर्मचारी इंडस्ट्री के बारे में सब समझता है। उसे इंडस्ट्री की शब्दावली या काम करने का तरीक़ा सिखाने की ज़रूरत नहीं। वह जल्दी काम शुरू कर सकता है। दूसरा, इंडस्ट्री का होने की वजह से उसके पास एक संपर्क होगा जिसे यह कंपनी अपने काम में ले सकती है, यानी नया कर्मचारी पुराने संबंधों के आधार पर नये क्लाइंट ला सकता है।

अगर देखा जाए तो यह सोच ठीक लगती है लेकिन मैं इसे अदूरदर्शिता और शॉर्ट टर्म अप्रोच मानता हूँ। हालाँकि पिछले कुछ सालों में यह ट्रेंड बदला है और कुछ कंपनियां सीनियर मैनेजमेंट में दूसरी इंडस्ट्री से लोगों को नियुक्त करने लगे हैं, जिससे कंपनी में एक नयी सोच आ सके। इंडस्ट्री बदलना तो फिर भी तुलनात्मक रूप से आसान है लेकिन जॉब प्रोफाइल बदल लेना तो असंभव-सा लगता है। आइए जानते हैं कि इन सभी लोगों ने क्या तैयारियां की और क्या अलग करके स्वयं को नयी इंडस्ट्री या जॉब प्रोफाइल के लिए साबित किया।

जुही मालवीय बताती हैं कि सबसे पहले उन्होंने यह देखना शुरू किया कि कौन सी इंडस्ट्री और प्रोफाइल ऐसी है जो न सिर्फ़ उनकी योग्यता, व्यक्तित्व और स्किल का भरपूर इस्तेमाल कर सके बल्कि रोज नयी चुनौतियाँ भी उत्पन्न करे। जुही एचआर में विभिन्न इंडस्ट्री के लिए रिक्रूटमेंट किया करती थीं इसलिए उन्हें जॉब प्रोफाइल की जानकारी अच्छी थी। उन्होंने पाया कि रिटेल इंडस्ट्री में केटेगरी बाइंग की प्रोफाइल में वह फिट हो सकती हैं। जुही की निगोसिएशन स्किल अच्छी थी जिसका इस्तेमाल इस प्रोफाइल में हो सकता था।

जुही ने खुद को इस प्रोफाइल के लिए पूर्ण रूप से उपयुक्त बनाने के लिए रिटेल इंडस्ट्री और लॉजिस्टिक्स से जुड़े 2 कोर्स किये। उन्होंने एक लॉजिस्टिक्स कंपनी में लगभग उसी सैलरी पर काम शुरू किया और अनुभव लेकर दुबई की एक बड़ी रिटेल कंपनी में केटेगरी बाइंग में चली गयीं ।

अगर यहाँ पर हम जुही के अनुभव से सीखें तो 2 बातें स्पष्ट समझ आती हैं। पहला, करिअर में बदलाव का निर्णय हड़बड़ी में लेने वाला निर्णय नहीं है। अपनी स्किल और व्यक्तित्व को पहचानकर उसके अनुरूप प्रोफाइल का चुनाव सतर्कता पूर्वक करना ज़रूरी है। हम शुरुआती चैप्टर्स में यह बात कर चुके हैं कि अपनी स्किल और व्यक्तिव को पहचानने और बनाने के लिए क्या कदम उठाएं। दूसरा, स्किल और योग्यता को लगातार बेहतर करना है। यह चाहे काम और अनुभव से हो या पढ़ाई करके। यदि आप प्रोफाइल बदलना चाहते हैं तो आपकी शैक्षिक योग्यता भी उसी अनुरूप होनी आवश्यक है। जुही ने नये कोर्स किये और प्रोफाइल बदलने में सफल रहीं। इंटरव्यू में उन्होंने उन सभी स्किल की बात की जो उनके इस नये रोल में काम आ सकती थी।

कृष्ण झा ई-कॉमर्स एवं लॉजिस्टिक्स इंडस्ट्री में बैकएंड की प्रोफाइल को छोड़कर रिटेल इंडस्ट्री में स्टोर ऑपरेशन में आये। कृष्ण बताते हैं कि उन्होंने अपने रिज्यूमे में रिटेल इंडस्ट्री और स्टोर ऑपरेशन की प्रोफाइल की ज़रूरतों को देखते हुए बदलाव किये और उन योग्यताओं को प्रमुखता दी, जिसकी इस इंडस्ट्री को आवश्यकता है। कृष्ण कहते हैं कि आप जो भी कर रहे हैं और जो करना चाहते हैं उस काम को पूरी तरह से जानना आवश्यक है। कृष्ण ने अपने स्किलसेट को कागज पर उतारा और देखा कि उनमें से कौन-सी ऐसी स्किल है, जो दोनों इंडस्ट्री की ज़रूरत है। कृष्ण बताते हैं कि दोनों ही इंडस्ट्री बहुत दबाव में और समयबद्ध काम करती है, दोनों ही इंडस्ट्री में प्रोसेस को प्रमुखता दी जाती है और सबसे महत्त्वपूर्ण टीम हैंडलिंग है।

कृष्ण ने इन तीन समानताओं को खोजकर अपने रिज़्यूमे को बेहतर बनाया और इंटरव्यू में इन पर फोकस किया। फिलहाल वह अपने गृह-राज्य में कार्यरत हैं।

दीपेश अनेजा जो 17 साल से अधिक का सफल कार्यकाल एक कंपनी में बिताकर निकलते हैं। उनकी जॉब प्रोफाइल वही रही लेकिन उन्होंने इंडस्ट्री बदली। दीपेश कहते हैं कि इंडस्ट्री बदलने की ज़रूरत मेरी है उनकी नहीं इसलिए मुझे अपने आपको उनकी ज़रूरत पूरी करने योग्य साबित करना होगा। मैं जिस इंडस्ट्री में जा रहा हूँ वहाँ भी मुझे सेल्स प्रोफाइल देखनी है, डिस्ट्रीब्यूटर नेटवर्क संभालना है, मार्केट शेयर बढ़ाना है। जॉब प्रोफाइल वही है लेकिन अन्य इंडस्ट्री से होने के कारण मैं अपनी 'ट्रान्सफ्रेबल स्किल' के अलावा उनके लिए कुछ और लेकर नहीं जा सकता। अपने वर्तमान नेटवर्क का इस्तेमाल उनके लाभ के लिए नहीं कर सकता। अगर मैं कुछ अलग कर सकता हूँ तो वह है एक नयी सोच, नयी रणनीति देना। दीपेश ने इंटरव्यू देने से पहले इस इंडस्ट्री के बारे में काफी कुछ पढ़ा, देखा और जाना। दीपेश कहते हैं कि मेरी रिसर्च सिर्फ़ गूगल तक सीमित नहीं थी। मैंने मार्केट में जाकर उनके क्लाइंट्स और डिस्ट्रीब्यूटर से बात की। उनके बाज़ार, उसकी ताकत और समस्याओं की फर्स्ट-हैंड जानकारी ली। जिस दिन मैं इंटरव्यू देने पहुँचा मेरे पास इस कंपनी द्वारा पूछे जाने वाले हर उस सवाल का जवाब था जो वह मेरी प्रोफाइल के व्यक्ति से अपेक्षा करते थे। जैसा मैंने बताया, जब तक यह किताब आपके हाथ में आएगी, दीपेश एक नयी इंडस्ट्री में रीजनल हेड होंगे।

वैभव पोरवाल जिन्हें कोरोना का दंश झेलना पड़ा, उनकी भी प्रोफाइल वही रही, लेकिन इंडस्ट्री बदली। इन सब लोगों ने रिज़्यूमे से लेकर स्किल तक जो किया वह वैभव ने भी किया। वैभव एक ऐसे दौर में नौकरी ढूंढ रहे थे, जब सभी कंपनी भविष्य की अनिश्चितता को लेकर नियुक्तियां सिर्फ़

बेहद ज़रूरी नियुक्ति ही कर रही थी। वैभव ने ऐसे में अपने नेटवर्क को खंगाला जिसमें उनके पूर्व सहकर्मी, सहपाठी एवं एलुमिनाई थे। इस नेटवर्क के माध्यम से वैभव को ऐसी ही एक वेकेंसी का पता चला और उन्हें वाटर इक्विपमेंट इंडस्ट्री में नयी नौकरी मिली।

ये सारी कहानियाँ प्रेरणादायी हैं जहाँ सब कुछ बेहतर हुआ। कई ऐसे मामले भी हैं, जहाँ बात बिगड़ी हैं, क्योंकि लोगों ने पर्याप्त तैयारी नहीं की। वो न घर के बचे न घाट के। इसलिए अगर आप भी करिअर ट्रांजीशन के बारे में सोच रहे हैं तो ख़ुद से यह सवाल पूछिये:

क्या, क्यों और कैसे?

आप इंडस्ट्री बदलना चाहते हैं या प्रोफाइल? आप जो भी बदलें, क्या आपको पता है कि आप किस प्रोफाइल या इंडस्ट्री में जाना चाहते हैं।

आप करिअर में बदलाव क्यों चाहते हैं? क्या आपके पास अपने करिअर में बदलाव करने का कोई स्पष्ट कारण है? ऐसा क्या है जो प्रोफाइल बदलने से बेहतर होगा? क्या नया प्रोफाइल या इंडस्ट्री आपको वह सब कुछ दे पाएगा जो आप वर्तमान में नहीं पा रहे? इन सवालों का यदि आपके पास स्पष्ट जवाब नहीं है तो हो सकता है आप करिअर में एक बड़ी गलती करने जा रहे हों।

अगर आप कोई गाड़ी भी खरीदते हैं तो पूरी रिसर्च करते हैं फिर करिअर के मामले में क्यों नहीं? प्रोफाइल बदलें या इंडस्ट्री, पहले पूरी रिसर्च करें। प्रयास करें कि आप प्राइमरी रिसर्च कर पाएं, उस इंडस्ट्री और प्रोफाइल पर काम कर रहे लोगों से बात करें, उनके काम और समस्याओं को समझें। उस इंडस्ट्री के ट्रेंड्स को समझें, फिर देखें कि क्या आप वाकई उस इंडस्ट्री या प्रोफाइल के लिए फिट हैं? जुही जानती थीं कि उन्हें प्रोफाइल बदलनी है और किस प्रोफाइल में जाना है। दीपेश जानते थे कि उन्हें इंडस्ट्री बदलनी है।

इन दोनों लोगों की कहानी बताती है कि इन्होने निर्णय लेने से पहले पर्याप्त रिसर्च की थी।

कृष्ण झा कहते हैं कि मैंने ख़ुद से यह सवाल पूछा था कि मैं इंडस्ट्री और प्रोफाइल क्यों बदलना चाहता हूँ। यह सवाल ख़ुद से पूछना इसलिए आवश्यक था क्योंकि मैं करिअर में एक कदम आगे बढ़कर जिस इंडस्ट्री में गया वहाँ मैं नया हूँ। अगर मुझे काम नहीं जमा तो मैं उस नयी इंडस्ट्री में नौकरी आसानी से इसलिए नहीं खोज पाउँगा क्योंकि मेरा अनुभव इस इंडस्ट्री के हिसाब से कम है। यदि मुझे मजबूरी में पुरानी इंडस्ट्री में वापस जाना पड़ा तो संभव है कि समझौते करने पड़ें, इसलिए क्यों का जवाब आवश्यक है।

अगर आपको क्या और क्यों का जवाब मिल जाए तो पता करिए कि आपके सपने को पूरा करने के लिए क्या ज़रूरी है? क्या आपको किसी नयी डिग्री या स्किल की ज़रूरत है? क्या आपका रिज्यूमे उस इंडस्ट्री में शॉर्टलिस्ट होने के लायक है या उसमें किसी बदलाव की ज़रूरत है?

यदि आपको सभी सवालों के जवाब मिल गए और आप अपने कम्फर्ट जोन को तोड़कर नयी चुनौती लेने को तैयार हैं तो अब समय है एक्शन प्लान का, लेकिन उससे पहले वह एक कहानी जो अधूरी रह गयी है:

वेनेसा डे लूका ने जब अपने लिए नया करिअर सोचा और इन सभी सवालों के जवाब ढूँढे तो उन्हें समझ आया कि उन्हें यह नयी प्रोफाइल शून्य से शुरू करनी होगी। एक स्टोर मैनेजर को एंट्री लेवल की नौकरी के बिना आगे काम नहीं मिलेगा। वेनेसा तो इस कठिन निर्णय के लिए तैयार हो गयीं लेकिन कोई भी नियोक्ता उनको क्यों ले? क्यों वह एक अनुभवी 30 वर्षीय महिला को उस पद पर ले जहाँ कोई फ्रेशर आता है? क्या वेनेसा अपने स्टोर मैनेजर के अनुभव को छोड़कर जहाँ वह स्टोर की बॉस थीं, सबसे जूनियर पद पर आएँगी? वेतन में भी बड़ा फर्क आएगा और सबसे बड़ी बात कि

वेनेसा के लिए यह नौकरी करना कोई मजबूरी नहीं, इसलिए अगर उसे यह सब पसंद नहीं आया तो क्या वह ये नौकरी करेगी?

वेनेसा ने 'ग्लैमर' मैगज़ीन में एडिटोरियल असिस्टेंट के लिए अपना रिज्यूमे भेजा। वेनेसा जानती थीं कि लोग इस बात का यकीन नहीं करेंगे कि वह शुरू से शुरू करना चाहती हैं इसलिए उन्होंने अपने रिटेल के अनुभव को कहानी की तरह सुनाया। वेनेसा कहती हैं कि मेरे स्टोर मैनेजर के अनुभव का एडिटोरियल से कोई संबंध नहीं था लेकिन मैंने रिटेल के अनुभव को कुछ इस तरह पेश किया जिससे मैनेजमेंट को ये भरोसा हो मैं एक नयी सोच लाऊँगी। वो आईडिया बताते हुए वह मैनेजमेंट को इशारा देती हैं कि एडिटोरियल असिस्टेंट बनने नहीं आयी हैं, उन्हें आगे इसी क्षेत्र में बढ़ना है और इसी के लिए वह नये सिरे से सब सीखते हुए आगे बढ़ने को तैयार हैं। मैनेजमेंट बार-बार उनसे कहता रहा कि उन्हें अपने से काफी कम उम्र के लोगों के साथ काम शुरू करना होगा और वेनेसा बार-बार सीखने पर जोर देती रहीं।

वेनेसा को एडिटोरियल असिस्टेंट की नौकरी मिली, और जैसा उन्होंने कहा था कि वह आगे बढ़ने के लिए आयी हैं, वेनेसा को तीन साल में दो प्रमोशन मिले। वेनेसा यहीं नहीं रुकीं, कुछ वर्षों के अनुभव के बाद वह 'एसेंस' नाम की एक बड़ी मैगज़ीन की 'एडिटर इन चीफ' बनीं। स्टोर मैनेजर से एडिटोरियल असिस्टेंट बनने वाली वेनेसा ने वक्त के साथ ख़ुद को साबित किया और फैशन इंडस्ट्री में एक बड़ा नाम बनीं।

वेनेसा कहती हैं कि किसी भी काम में बोर हो जाना स्वाभाविक है। मैं जब भी अपने काम में बोर होने लगी मैंने यह बात अपने मैनेजर तक पहुँचाई और नयी चुनौती माँगी लेकिन यह चुनौती माँगने से पहले मैंने स्वयं को उस रोल में साबित किया। वेनेसा ने अपनी माँ की दी हुई दो सीखों को भी जीवन में हमेशा उपयोग में लिया-

1. बिना माँगे नहीं मिलता इसलिए अपनी पसंद की चीज़ हो या हक़, माँगो।
2. अपने आपको हमेशा ऐसे लोगों के बीच रखो जो तुम्हें सोचने, समझने और मौक़ा पाने में मदद कर सकें।

वेनेसा यहाँ जोड़ती हैं कि अपने आपको हमेशा ऐसी जगह रखो जहाँ लोगों को तुम्हें और तुम्हारी योग्यता को जानने का मौक़ा मिले। हम अगर इन सभी लोगों की यात्रा को जोड़ें, वेनेसा की सलाह को सुनें तो इतना स्पष्ट होता है कि आप जो भी करें, आपके पास अपने करिअर ट्रांजीशन के लिए एक मज़बूत कहानी होनी चाहिए। इस कहानी के मूल तत्व कुछ यूँ हैं:

- **ब्रांड स्टेटमेंट:** आप कौन हैं और आपका ब्रांड स्टेटमेंट क्या है? आप खुद को कैसे और परिभाषित करते हैं? आपके जीवन मूल्य और लक्ष्य क्या हैं? ध्यान रखें ट्रांजीशन में आपके पिछले अनुभव को नहीं आपको ही परखा जाएगा और आपका ब्रांड स्टेटमेंट इतना मज़बूत होना चाहिए कि आप उस कंपनी के लक्ष्यों को पूरा करने में सहायक महसूस हों। वेनेसा ने एडिटोरियल असिस्टेंट जैसे जूनियर पद के लिए भी अपना ब्रांड स्टेटमेंट प्रस्तुत किया था।

- **सिनर्जी:** आप जिस इंडस्ट्री या प्रोफाइल पर जाना चाहते हैं वहाँ पर नया क्या हो रहा है और किस तरह आपकी अब तक की प्रोफेशनल यात्रा और आपका ब्रांड स्टेटमेंट इस इंडस्ट्री के साथ सिनर्जी बिठा सकता है। हमारे पास कृष्ण और जुही के उदहारण हैं जिन्होंने अपने पुराने अनुभव को नयी इंडस्ट्री के लिए उपयोगी साबित किया।

- **एसेट:** आपकी कहानी आपको उस कंपनी के लिए एक एसेट साबित करनी चाहिए। आपके अलग अनुभव, आपकी स्किल, आपका व्यक्तित्व और आपकी इस इंडस्ट्री की गहरी समझ इंटरव्यू लेने वाले के मन में यह धारणा बनानी चाहिए कि आप भले ही किसी और बैकग्राउंड

से आते हों लेकिन आपके आने से एक नयी सोच और एक नयी शक्ति कंपनी में आएगी। दीपेश ने इंटरव्यू में अपने आपको एसेट की तरह ही बेचा।

कहानी तैयार है लेकिन यह कहाँ और कैसे सुनाई जाए? इस कहानी को सुनाने के लिए सबसे पहले रिज्यूमे शॉर्टलिस्ट होना आवश्यक है ताकि आपको इंटरव्यू का मौक़ा मिले। आइये थोड़ी चर्चा इसकी भी करते हैं।

जब आप नयी प्रोफाइल के लिए रिसर्च कर रहे हों तो यह जानने की कोशिश करें कि कौन-सी ऐसी इंडस्ट्री है, जिसकी ज़रूरतें कुछ हद तक आपकी प्रोफाइल या इंडस्ट्री से मिलती हैं? मैंने मीडिया से रिटेल और फिर एडटेक में जब शिफ्ट किया तो इंडस्ट्री भले ही अलग थी, उनकी ज़रूरतें कुछ हद तक एक-सी थी। इन तीनों इंडस्ट्री में कस्टमर फीडबैक और रिसर्च मेरी प्रोफाइल के लिए ज़रूरी था, तीनों ही इंडस्ट्री को एक ही आमदनी वाले वर्ग को टारगेट कर रही थी, तीनों को मार्केटिंग के लिए मास मीडियम की ज़रूरत थी और तीनों ही इंडस्ट्री में क्रॉस-प्रमोशनल टाई-अप महत्त्वपूर्ण था। ऐसी इंडस्ट्री में आपको इंटरव्यू कॉल की संभावनाएं बढ़ जाती हैं। आप अपनी पसंद से कुछ और भी सोच सकते हैं।

अब महत्त्वपूर्ण है हमारे रिज्यूमे में इन सभी स्किल का प्रमुखता से नज़र आना। अपने रिज्यूमे को इंडस्ट्री और प्रोफाइल की आवश्यकता के अनुसार कस्टमाइज करिए। यदि आपके पास आवश्यक योग्यताएं, जैसे कोई डिग्री या स्किल्स नहीं हैं तो उसे हासिल करें और उन्हें अपने रिज्यूमे में जोड़ें।

हमने नेटवर्किंग के महत्त्व पर पहले भी बात की है। करिअर ट्रांजीशन में नेटवर्किंग का बहुत बड़ा योगदान है। लिंक्डइन जैसे प्लेटफार्म पर नेटवर्किंग करें, उस प्रोफाइल और इंडस्ट्री के लोगों से परिचय करें और जानकारी

जुटाएं। मौके के बारे में उनसे पूछें और निवेदन करें कि वह आपको अपने एचआर के पास रेफर कर दें।

अंत में संक्षेप में कहूँगा कि आपको अपने करिअर में बदलाव करने के कारण और पसंदीदा प्रोफाइल आपको स्पष्ट होने चाहिए और इसके लिए जो भी रिसर्च चाहिए वह करें। आवश्यक योग्यताएं अर्जित करें, रिज्यूमे में जोड़ें और नेटवर्किंग करें। अपने करिअर ट्रांजीशन की कहानी यूँ बुनें कि आप कंपनी के लिए एक अमूल्य मानव संसाधन बन जाएं।

सूत्र 15 करिअर में बदलाव से पहले अपने स्किल्स को नये वातावरण के लिए तैयार करें।

पुनरावलोकन

हिटलर के बारे में एक कहानी प्रचलित है कि उसके हाथ में भाग्यरेखा नहीं थी। ऐसी ही कहानी नेपोलियन बोनापार्ट के लिये भी कही जाती है। एक ज्योतिषी ने उसे कहा कि उसके हाथ में राजा बनने का योग नहीं। कहते हैं कि इन्होंने अपने हाथ पर चाकू से वह रेखा बना ली। यह कथा सत्य है या असत्य, मैं नहीं जानता लेकिन इस कहानी को सिर्फ इसीलिए सुनाया जाता है ताकि हम समझ सकें कि सफलता और असफलता हमारे हाथ में है।

हमारे देश में किसी की नौकरी या तरक्की पर लोग कहते हैं कि इसकी किस्मत अच्छी है। यदि हम भाग्य और किस्मत को ही मानें तो कुछ ज्योतिषी कहते हैं कि हमारे हाथ की लकीरें बदलती रहती हैं। यह बदलाव हमारे कर्मों के आधार पर होता है। कुल मिलाकर निष्कर्ष यह निकलता है कि जो भाग्य बाँचते हैं वह भी कर्म को प्रधानता देते हैं और कर्म करने पर भाग्य बदलने की बात करते हैं।

इस किताब में हमने ऐसे कई उदाहरण देखे जहाँ लोगों ने कर्म से अपना भाग्य बदला और विपरीत परिस्थितियों से लड़कर सफलता प्राप्त की। एक बार सफल होने पर वह रुके नहीं बल्कि रोज सीखने की इच्छा लिए ख़ुद को बेहतर बनाते रहे। हम सबकी परिस्थितियाँ, शिक्षा, व्यक्तित्व भिन्न है। हर किसी को बड़ी डिग्री, बड़ा कॉलेज या पारिवारिक वातावरण एक-सा नहीं मिलता लेकिन यह किताब इस बात की दलील है कि ये बातें हमारी तरक्की

के रास्ते में बाधक नहीं बन सकतीं। यह किताब अनेक लोगों के अनुभवों के विश्लेषण से करिअर में सफ़लता जिन कुछ सूत्रों तक पहुँचती है, उन्हें एक बार फिर से समझ लेना ज़रूरी है। इन बातों की प्रैक्टिस आपको **'ख़ुद से बेहतर'** बना सकती है।

- किसी तरह की नौकरी शैक्षिक योग्यता के साथ कुछ विशेष स्किलसेट माँगती है। यदि हम में यह स्किलसेट है तो हम 'एम्प्लॉयेबल' बन जाते हैं। यही एंप्लॉयबिलिटी हमारी तरक्की का पहला रास्ता है।

- ट्रेंड्स को देखें, पहचानें और आगे बढ़ें। हमारी दुनिया लगातार बदल रही है। इस बदलाव की परख सही समय पर सही जगह पहुँचने में मददगार होगी।

- जितना सत्य यह है कि प्रयास से कोई कुछ भी कर सकता है, उससे बड़ा सत्य यह है कि हर व्यक्ति कुछ काम बाकी चीज़ों से बेहतर कर सकता है। आप क्या बेहतर कर सकते हैं, इसे समझने के लिये ख़ुद को समझें।

- हर व्यक्ति में खूबियाँ और खामियाँ होती हैं। खूबियों को मजबूत करना है और खामियों को दूर। इसलिए अपना स्वॉट लगातार करें, क्योंकि बदलाव के साथ आपकी खूबियाँ और खामियाँ बदलेंगी। नयी ज़रूरतों के अनुसार नयापन लाना होगा।

- दिल्ली में एक चुटकुला चलता है– 'जानता है मेरा बाप कौन है?' ये उन लोगों के लिये है, जिनकी अपनी कोई पहचान नहीं। हमें अपनी पहचान बनानी है, खुद को ब्रांड बनाना है। हमें लोग हमारी खासियत से जानें इसलिए पर्सनल ब्रांडिंग पर ध्यान दें।

- वैसे 'जानता है मेरा बाप कौन है' वाली बात ये तो बताती है कि इस

व्यक्ति के बाप की 'नेटवर्किंग' ठीक है। हमने दूसरे पॉइंट में सही समय पर सही जगह पहुँचने की बात की। सही समय पर सही जगह की जानकारी होने में 'नेटवर्क' का बड़ा योगदान होता है। इसलिये नेटवर्क बनाएं, लेकिन अपनी छवि को निखारते रहना न भूलें, क्योंकि नेटवर्क भी अच्छे लोगों की ही मदद करेगा।

- नौकरी का बुलावा उसी को आता है, जिसका रिज्यूमे एचआर के सामने उसका वकील बनकर सही तथ्य प्रस्तुत करता है। अपने रिज्यूमे को अपडेट करते रहें और उसमें वह सब दर्ज करें जो शॉर्टलिस्ट होने में आपकी मदद करे।

- किसी को समझने के लिए आधा घंटा काफी नहीं होता, लेकिन परखने के लिए पर्याप्त है। इसी आधे घंटे में आपको इंटरव्यू लेने वालों को अपनी समझ, स्किल और व्यक्तित्व से प्रभावित करना है इसलिए इंटरव्यू की तैयारी गंभीरता से करें। नौकरी और अपने रिज्यूमे के सभी पक्षों को ठीक से समझें।

- हँसमुख चेहरा और सकारात्मक बॉडी लैंग्वेज का किसी भी वार्ता को सफल बनाने में बड़ा योग होता है इसलिए बॉडी लैंग्वेज को निरंतर बेहतर करते रहें।

- कपड़े किसी के चरित्र का परिचायक नहीं, लेकिन प्रथमदृष्टया हम कपड़े पहनने के ढंग से ही किसी को आँकते हैं। हमेशा स्थान और मौक़े के अनुसार कपड़े चुनें।

- कम्यूनिकेशन सफलता का सबसे बड़ा साधन है। यदि आप अपनी बात को मैनेजमेंट या ग्राहक तक नहीं पहुँचा सकते तो आप नोटिस नहीं किए

जाएँगे। लिखित, मौखिक और इन्टरपर्सनल कम्यूनिकेशन को सुधारना अनिवार्य है।

- हर किसी के पास दिन में सिर्फ 24 घंटे होते हैं, जिसमें उसे दिन के सारे काम खत्म करने होते हैं। आपको यह तय करना है कि समय प्रबंधन से अधिकाधिक काम करना चाहते हैं या टाइम पास। समय प्रबंधन करें और प्रोडक्टिविटी बढ़ाएं।

- हम जो हैं, जैसे हैं, वैसे रह कर कुछ नहीं बदल सकते। हमें लोगों को, परिस्थितियों को समझकर स्वीकारकर, उनमें बदलाव करना होगा और लगातार आगे बढ़ने की मानसिकता विकसित करनी होगी।

- जीवन अनुभवों से बनता है। अनुभव सिखाते हैं कि हमें विभिन्न समस्याओं और परिस्थितियों का समाधान सिखाते हैं।

- अपने अनुभवों को सबक में ढालिए, जो स्पष्ट न हो उसे पूछिए, रिसर्च करिए ताकि अपने निर्णयों को दिनोंदिन बेहतर कर सकें।

- पूर्वग्रहों से मुक्ति पाइए, और बदलाव को स्वीकारते हुए नयी सोच विकसित करिए।

- करिअर में बदलाव कभी स्वेच्छा से आता है तो कभी मजबूरी में। स्वयं को उसके लिये तैयार करें। स्किल को मजबूत करें।

चलते चलते आखिरी बात, आप नौकरी ढूंढ रहे हों या कर रहे हों, सफलता और असफलता दोनों से आपका सामना लगातार और बारी-बारी होता रहेगा। दोनों ही स्थितियों को ख़ुद को बेहतर बनाने में लगाएँ।

असफलता हमें निराश करती है, किंतु इसी असफलता में सफलता की कुंजी छुपी होती है। सफलता का दौर हमेशा असफलता से अधिक ख़तरनाक होता है, क्योंकि सफ़लता में हम लापरवाह हो जाते हैं और सीखना बंद कर देते हैं। जब आप सफल होते हैं तो बहुत-सी चीजें आसान हो जाती हैं। इस वक्त का इस्तेमाल अगली लंबी छलाँग के साथ खुद को मजबूत करने और भविष्य की संभावित चुनौतियों से लड़ने के लिए तैयार करने में लगाना चाहिए।

किस चीज़ का इन्तिज़ार है! अपने व्यक्तित्व और स्किल्स पर काम शुरू कीजिए और बन जाइए 'खुद से बेहतर!'

■■■